KB247304

질문형?
학습법!

질문형? 학습법!

소크라테스에서 빌 게이츠까지 '천재들의 공부 습관!'

스마트주니어

상상력의 시대, 질문이 답이다!

인류가 살아오는 동안 시대마다 중요시 하는 가치가 달랐다. 사냥을 하던 원시 수렵사회라면 용맹스러운 사람이 가장 선호되었을 것이다. 당시에는 맨 주먹으로 멧돼지를 잡고 말썽부리는 이웃 부족을 단숨에 제압할 수 있는 사람이 일등 사윗감이었다.

농경사회에서는 근면, 성실하게 일하고 기억력 좋은 사람이 중시되었다. 근면, 성실은 생산력의 원천이 되는 귀한 덕목이었고, 절기마다 해야 할 농사일들은 오로지 기억에 의존해야 했기 때문이다. 농경사회는 어디든 긴 시문詩文을 줄줄이 외우는 사람이 벼슬을 하고 지배계층이 된 것도 이와 무관하지 않다.

산업사회에는 논리적인 사고와 기계적인 사고를 하는 사람이 우대받았다. 산업사회의 경쟁에서는 남보다 더 나은 기술을 가지거나, 만약 기술이 동일하다면 더 낮은 가격으로 생산할 수 있는 사람이 이기게 된다. 그것을 가능하게 해주는 것이 바로 논리적인 사고와 기계적인 사고였다.

이제 21세기를 맞아 디지털사회, 정보화사회, 소프트화사회가 화려하게 등장했다. 여기서는 논리적인 사고의 가치는 반감되고 오직 상상력과 창의력이 경쟁력의 원천이 된다. 잘 만든 영화 한 편으로 벌어들이는 수익이 10년 동안 자동차를 수출해서 벌어들이는 수입을 능가하고, 해리포터 같은 콘텐츠 하나가 세계적인 기업이 벌어들이는 수익을 능가하는가 하면 눈에 보이지도 않는 소프트웨어 상품이 세상을 지배하기도 한다.

상상력과 창의력이 중요한 또 하나의 이유는 산업사회와는 달리 디지털사회, 인테넷사회에서는 모방이 더 이상 통하지 않기 때문이다. 빌 게이츠가 윈도우즈 하나로 세계적인 부를 쌓았지만 윈도우즈가 가장 우수한 소프트웨어는 아니었다. 더 우수한 소프트웨어도 많았지만 이들은 일단 윈도우즈가 선점한 인터넷이라는 네트워크를 뚫을 수가 없었다. 인터넷 세상은 네트워크를 먼저 차지하는 사람이 절대적으로 유리한 승자독식의 사회이다. 그렇기 때문에 모방이 불가능하다.

모방이 불가능하다면 대안은 무엇일까? 어렵게 생각할 것 없다. 인터넷에서는 남들이 하지 않는 새로운 것을 만들어내지 못하면 살아남지 못한다. 그래서 우리는 질문을 한다.

그럼 질문은 왜 해야 하는가? 질문은 곧 상상력, 창의력의 원천이기 때문이다. 기존의 모든 것이 완벽하다고 생각하는 사람에게서는 어떤 새로운 것도 나오지 못한다. 21세기의 경쟁력은 세상을 향해 끊임없이 질문을 던지는 사람에게서 나오는 것이다.

논의를 좁혀서 이 책의 주제인 학습으로 돌아가보자.

인간의 모든 배움은 의문에서 비롯되었다. 세상을 막 배우기 시작하는 아이들을 보라. 반짝이는 눈으로 엄마에게 끊임없이 묻고 또 묻는다. 그것이 배움의 원형이다. 그러다가 나이가 들면 질문을 하지 않게 된다. 이는 곧 배움이 멈추었다는 의미이다. 결국 인간은 자신이 품은 질문의 크기만큼만 성장할 수 있다.

아무런 의문 없이 누군가의 일방적인 가르침을 듣기만 하는 것은 오래 기억되지 않는다. 독일의 심리학자 에빙하우스Ebbinghaus는 〈기억에 관하여〉라는 논문에서 사람의 기억은 시간의 제곱에 반비례한다는 이론을 펴고 있다.

그에 의하면 학교에서 교사의 설명을 일방적으로 듣기만 하는 수업의 내용은 20분이 경과하면 절반 가까이 잊어버린다고 한다. 하루가 지나면 60%, 일주일이 지나면 70%, 1개월 후에는 80%를 잊어버린다.

그러나 몰랐던 것, 궁금해 하던 것을 가슴에 의문부호로 품고 있다가 누군가의 설명으로 알게 되면 거의 일생 동안 잊히지 않는다고 한다. 전자가 '단순 기억'의 차원이라면 후자는 '이해'의 차원이기 때문이다. 그래서 질문을 통한 학습을 '완전학습'이라고 부르는 것이다.

또한 질문은 그 자체가 곧 배움이기도 하다. 일단 어떤 문제에 의문을 품으면 70~80%의 경우는 자문자답을 통해 스스로 깨닫게 된다.

이 책에서는 질문을 통한 다양한 학습 비법을 제시해놓았다. 그것엔 필자의 경험인 부분도 있고 공부의 달인들이 경험한 이야기를 정리한 부분도 있다.

지금은 평생학습의 시대이다. 공부하는 학생들은 물론 유년기의 자녀를 둔 학부모, 교사나 일반인들 역시 학습에 대한 태도를 바꾸어야 할 시점이 아닌가 생각된다.

필자의 이 작은 책자 하나가 그러한 갈증을 느끼는 여러분에게 조그만 노움이 되길 바란다. 여러분 모두의 건투를 빈다.

_이 영 직

CONTENT

02 위대한 결과는 위대한 질문에서 비롯된다

03 물음표로 생각을 넓혀라

04 질문 잘하는 방법

05 질문으로 성적을 올려봐!

아이의 호기심은 부모의 능력이다

무한 세계로의 초대, 상상력과 창의력을 훈련하라

소크라테스에게 배워보자!

옛사람들의 배우고 가르치는 방식은 모두 대화로 이루어졌다. 석가와 제자 사리불과의 대화를 기록한 것이 《화엄경》이요, 수보리와의 대화를 기록한 것이 《금강경》이다. 유교 경전인 《논어》 역시 공자와 제자들 간의 대화를 기록한 내용이다. 《성경》에서도 예수는 제자들 뿐 아니라 많은 사람들과의 대화를 통해 그들을 일깨웠다.

그러나 이들의 대화는 흔히 생각하듯 제자들이 묻고 스승이 일방적으로 답하는 형식이 아니었다. 석가도 공자도 예수도 정답을 말해주기보다는 비유적으로 혹은 또 다른 질문을 던지면서 제자들의 질문에 답하는 경우가 적지 않았다.

　예수는 바리새인, 사마리아 여인, 제자들을 가르칠 때에도 대화를 통해 이들에게 큰 깨달음을 전해주었다. 또한 제자들에게 "너희는 나를 누구라 하느냐?"라고 물어 이들의 신앙고백을 이끌어내기도 하였다.

 ## 소크라테스의 산파술

훌륭한 교사는 처음부터 정답을 말해주지 않는다. 이스라엘의 부모나 교사들이 그러하다. 일단 궁금증을 심어 준 다음에 일련의 도움말을 주어 스스로 깨닫게 한다. 그래서 위대한 스승은 위대한 발문자라고 한다. 훌륭한 스승은 제자들에게 큰 질문을 던질 줄 아는 사람들이라는 의미이다.

　어느 초등학교 교사가 쓴 글에서 읽은 내용이다. 초등학교 1, 2학년 때는 분수의 개념을 가르치기가 어렵다고 한다. 초등학교 1, 2학년 아이들은 $\frac{1}{2}$과 $\frac{1}{3}$ 중에서 $\frac{1}{2}$이 더 크다는 것을 쉽게 이해하지 못한다는 것이다. 그래서 그 여선생님은 이렇게 가르친다고 한다.

　"자, 사과를 두 쪽으로 나눈 것과 세 쪽으로 나눈 것 중에 어느 것을 가질래요?"

　그러면 모두가 두 쪽으로 나눈 것을 갖겠다고 말한다. 그때를 놓치지 않고 여선생님은 이렇게 말한다.

"(분수를 가리키며) 자, 여기 윗 숫자와 아래 숫자 사이에 줄이 그어져 있지요? 이것은 나눈다는 뜻이에요. 사과를 자르듯이 말이에요. 사과를 세 쪽으로 나눈 것보다는 두 쪽으로 나눈 것이 더 크지요?"

그러면 아이들은 분수가 나눗셈의 개념이라는 것과 $\frac{1}{2}$이 $\frac{1}{3}$보다 더 크다는 것을 이해하게 된다. 분수의 가로막대를 칼 모양으로 그리면 이해가 더 빠를지도 모르겠다.

불교의 수행 방법 중에 나오는 간화선은 큰 질문, 즉 화두話頭를 머리에 이고 참선에 들어가는 수련 방법을 가리키는데, 그 과정 중에는 반드시 '대의문'의 단계를 거쳐야 한다. 화두 자체에 대해 근본적인 의문을 제기하면서 회의하는 단계이다. 이 단계를 거쳐야 진정한 깨달음을 얻는다고 한다. 일단 의문을 던진 다음에 깨달음을 얻는 것이 진정한 배움이라는 의미이다.

학습에 있어서도 마찬가지이다. 교사가 자신의 지식을 일방적으로 전달하는 것보다 일단 질문을 던져 학생들의 궁금증을 유발한 다음에 가르치는 것이 훨씬 더 효과적이기 때문이다. 교사가 학생들에게 던지는 질문이든, 학생 스스로가 자신에게 던지는 질문이든 학습적인 효과는 마찬가지이다.

성인 중에서 오직 질문을 통해 가르침을 실천한 사람은 소크라테스였다. 그는 사람들의 물음에 대답 대신 다른 질문을 던져 질문자 스스로 깨닫도록 이끌어주는 방식으로 사람들을 가르쳤다. 어미 닭이 병아리를 태어나게 하지는 못한다. 병아리가 알을 깨고 나올 수 있도록 껍데기를 깨주는 역할을 할 뿐이다. 이른바 산파술이다. 진리를 깨닫도록 도와주는 일이다. 소크라테스의 어머니가 산파였다는 점도 흥미롭다. 교육적으로만 본다면 오직 질문을 통해 사람들을 일깨웠던 소크라테스야말로 앞선 현자가 아니었을까 생각된다.

소크라테스를 깨우친 명언, 그노티 세아우톤!

그리스에서 바다를 건너 서북쪽으로 올라가면 파르나소스 산 중턱에 델포이Delphoe 언덕이 나온다. 험준한 절벽이다. 그 언덕에는 아폴로 신전이 자리하고 있다. 아폴로 신전은 영험하기로 소문이 나서 그리스인들은 지위 고하를 막론하고 모두 신탁을 얻기 위해 그곳으로 몰려들었다. 현자 소크라테스도 그 중 하나였다. 아폴로 신전 안 벽면에는 고대의 현자 7인의 가르침이 새겨져 있다. 소크라테스는 그 중 하나를 읽고서 충격을 받았다.

"Gnoti Seauton! (그노티 세아우톤!)"

우리말로 번역하면 '너 자신을 알라' 는 의미이다. 이 말은 아테네에 민주주의의 기초를 확립한 정치가 사론B.C 6세기이 사용한 말이다. 그 원문의 의미는, '인간이여, 너 자신이 무엇인지를 알라. 모든 지혜는 그곳에서 나온다' 이다.

평소 현자라고 자처했던 소크라테스이지만 그 글귀를 보고서 곰곰이 생각해보니 자신은 아는 것이라고는 아무것도 없는 무지렁이였다. 그리하여 그는 "너 자신을 알라!"는 말을 일생의 화두로 삼았다.

소크라테스는 자신이 알고 있는 것은 "아무것도 알지 못한다는 사실 하나뿐이다."라고 말했다. 그리고는 자신과 타인에 대해 끊임없이 질문을 던졌다. 소크라테스로서는 자신의 무지를 깨달은 것이 진정한 앎을 향한 출발점이 된 것이다.

그래서 소크라테스는 모든 선입견을 버리고, 자신은 아무것도 모른다는 전제하에 세상 사람들이 당연시하던 문제들까지도 의심을 품고 묻고 또 물었던 것이다.

 산파술로 배우는 지혜 1_삶이란 무엇인가?

젊은 제자들이 소크라테스를 찾아와 물었다.

"삶이란 무엇입니까?"

그러자 소크라테스는 제자들을 과수원으로 데리고 갔다.

"자, 여기 넓은 사과밭이 있다. 좋은 사과가 얼마든지 있을 것이다. 너희들은 지금부터 사과밭으로 들어가서 각자 마음에 드는 사과를 하나씩 따오너라. 다만 선택은 한 번 뿐이며 한 번 지난 길은 되돌아갈 수 없느니라."

그러자 제자들은 신바람이 났다. 저 넓은 사과밭이라면 얼마든지 좋은 사과를 딸 수 있을 것 같았다. 그들은 의기양양하게 사과밭으로 들어갔다. 제자들이 사과를 따는 사이 소크라테스는 사과밭이 끝나는 지점에 먼저 가서 제자들을 기다리고 있었다.

소크라테스가 제자들을 향해 말했다.

"자, 모두들 마음에 드는 사과 하나씩을 골랐겠지?"

그러나 제자들 모두가 묵묵부답, 말이 없었다.

"왜? 마음에 드는 사과가 없었느냐?"

그러자 제자 하나가 말했다.

"스승님, 한 번만 더 기회를 주십시오."

"왜 기회를 한 번 더 달라는 건가?"

"저는 입구에서 크고 잘생긴 사과 하나를 보았는데, 더 좋은 것이 얼마든지 있을 것 같아 그냥 지나쳤습니다. 그러다보니 어느새 사과밭의 끝이었습니다. 되돌아갈 수도 없고. 결국 형편없는 사과를 딸 수밖에 없었습니다. 그러니 다시 한 번만 더……."

그러자 다른 제자 하나가 나서면서 말했다.

"스승님, 저는 그 반대입니다. 사과밭 입구에서 크고 잘생긴 사과가 있어 땄는데, 나중에 보니 더 좋은 사과들이 얼마든지 있었습니다. 그러니 다시 한 번만 더……."

두 사람뿐 아니라 제자들 모두가 자신들의 선택을 후회하고 있었다. 그러자 소크라테스가 말했다.

"한 번 왔던 길을 되돌아갈 수도 없고, 한 번 선택한 것을 돌이킬 수도 없는 것, 그것이 인생이니라."

소크라테스는 "삶이란 무엇입니까?"라는 제자들의 질문에 직접적으로 대답해주지 않았다. 정답을 말해주는 대신에 적절한 비유를 들어 제자들이 스스로 깨닫게 하는 것이 가장 바람직한 교육이라고 여겼기 때문이다. 그래서 소크라테스는 비유적으로 대답하거나 다른 질문을 던져서 제자들이 그 질문에 답하는 동안 스스로 깨달을 수 있도록 인도했다. 이와 같은 비유적인 가르침은 이해도 빠르지만 교훈적인 의미도 뛰어나다.

난해한 질문에 대해서는 이런 식으로 비유적인 질문을 다시 던지는 것이 효과적일 때가 많다. 정주영 회장의 비유법을 보자. 언젠가 한 초등학생이 정주영 회장에게 물었다.

"할아버지는 어떻게 그렇게 큰 부자가 되었어요?"

"학생, 등산이라는 걸 해본 적이 있나?"

"네, 북한산을 오른 적이 있는데, 힘들어서 혼났어요."

"그렇지. 높은 산을 오를 때는 까마득히 솟아 있는 꼭대기를 보고 오르면 안 돼요. 그러면 '언제 저기까지 가나' 하는 생각 때문에 오르기가 점점 더 힘이 들지. 그럴 때는 앞만 보고 한 걸음 한 걸음 꾸준히, 열심히 오르는 거예요. 그러다보면 어느 사이에 정상에 올라와 있는 거예요."

그러자 아이는 고개를 끄덕였다. 큰 부자가 되는 방법도 그와 같다는 의미를 깨달은 것이다.

자고로
인생은 연습이
없느니라…….

오만방자한 젊은 귀족 메논이 있었다. 그는 자신이 훌륭한 것들을 많이 소유하고 사치를 즐기는 것은 자신에게 그런 것들을 가질만한 덕(德)이 있기 때문이라고 생각하였다. 어느 날 소크라테스가 아테네 거리에서 메논을 만났다. 소크라테스가 물었다.

소크라테스: "자네가 말하는 훌륭한 것들이란 건강이나 재화를 의미하는 것인가?"

메논: "황금이나 높은 관직도 포함되지요."

소크라테스: "그대가 인정하는 훌륭한 것들이란 그게 전부인가?"

메논: "그런 종류의 모든 것을 의미합니다."

소크라테스: "그대에게는 '얻는다' 는 단어 앞에 '정당한' 혹은 '정직한' 이란 형용사를 붙여도 아무런 차이가 없는가? 그리고 훌륭하다는 것들이 정당하지 못한 방법으로 얻어졌다 해도 여전히 그것들을 미덕이라고 보는가?"

메논: "그럴 수는 없지요."

소크라테스: "그렇다면 황금을 가진다는 것에는 정의나 절제, 경건함 같은 미덕의 요소가 덧붙여져야 할 것 같군. 황금을 가지는 것이 정당하지 못한 상황이었다면 오히려 황금을 갖지 않는 것이 미덕이 될 수 있겠군."

메논: "그럴 것 같군요."

소크라테스: "그렇다면 자격 없는 이가 그것들을 소유하는 것이 그

소크라테스는 징검다리식의 질문을 통해 전제의 오류를 이끌어
냄으로써 결론을 뒤집고 있다. 일종의 반어법이다.

 ## 산파술로 배우는 지혜 3_진실에 접근하라!

사람들이 하는 말은 그리 정확하지가 않다. 기억이 확실하지 않아
서 거짓을 이야기할 수도 있고이 경우는 거짓이라기보다는 비사실에 가깝다, 표
현력의 미비로 인한 거짓일 수도 있고, 별 다른 의도는 없지만 처
음 했던 말을 합리화하기 위해 또 다른 거짓말을 하는 경우도 있
고, 계획적이고 의도적인 거짓말도 얼마든지 있을 수 있다.

어떤 사람을 만나 이야기를 하다가 유명한 사람 이야기가 화제
에 올랐다고 하자. 가끔 상대방으로부터 “아, 그 친구 나와 친한
친구야!”라는 말을 듣는다. 이랬을 때, “그래? 얼마나 친하지?”라
고 물어서는 진실에 접근할 수 없다. 그럴 때는 일단 상대방의 말
을 인정해주면서 주장의 근거를 끄집어내야 한다.

이런 식이다. “아, 그런 친구를 두고 있다니 부럽군요!” 그렇게
일단 치켜세우고 나서, “친한 친구니까 자주 만나겠네요? 가장 최
근에 만난 것은 언제였나요?” 이렇게 물으면 상대는 우물쭈물 하
다가, “글쎄, 요즘에는 서로가 바쁘다 보니 만난 지가 한 2~3년은

된 것 같네." 이렇게 나온다는 것이다.

이렇듯 소크라테스의 질문법은 학습에서는 물론이고 경영에서, 리더십에서, 인간관계에서, 조직관리에서 동기부여의 수단으로 떠오르고 있다.

산파술로 배우는 지혜 4_ '예' 라는 답을 유도하라!

소크라테스는 다른 사람의 잘못을 지적할 때 처음부터 "당신이 잘못 되었소!"라고 말하지 않았다. 처음에는 일단 상대방의 말을 인정해주면서, 상대방이 "예."라고 대답할 수 있는 질문을 던졌다. 그런 다음 그 '예'의 근거나 전제조건을 무너뜨림으로써 결론을 뒤집어버리는 방식을 사용했다. 그러한 방식을 법정용어로는 반대심문이라고 부른다.

예를 들어 어떤 사람이 술자리에서 현 정부가 독재정권이라며 언성을 높였다고 하자. 그럴 경우, '그렇다', '아니다' 로 논쟁을 벌여 봐야 소용이 없다. 그럴 경우에는 독재의 정의부터 따지자.

"당신이 주장하는 독재라면 국민의 눈과 귀와 입을 막고 신체의 자유를 억압하는 것이 포함되겠군요?"

"그렇지요."

"그럼 독재국가에서는 하고 싶은 말이 있어도 함부로 말할 수 없다는 뜻인가요?"

"당연한 말씀이지요."

“지금 당신이 현 정권을 독재라고 큰 소리로 말할 수 있다는 것
은 그럼 독재가 아니라는 반증이 될 수도 있지 않을까요?”

“그, 그건 술자리니까!”

“그럼 독재국가라도 술자리에서 하는 말에는 자유가 허용된다
는 의미가 되겠군요.”

“그, 그건…….”

이렇게 순차적인 질문을 던지면서 상대방을 꼼짝 못하게 얽어
매는 것이다.

 산파술로 배우는 지혜 5_링컨의 반대심문

상대방의 퇴로를 차단하는 질문법도 있다. 어떤 친구가 아무래도
요즘 연애를 하는 것 같은데, 상대방이 누군지 입을 열지 않는다.
그럴 경우 상대방이 누구냐고 물으면 오히려 입을 꼭 다물게 된
다. 그럴 때는 이렇게 유도심문을 하자.

“너 요즘 연애한다는 소문이 파다하더라!”

그러면 상대방은 펄쩍 뛸 것이다.

“누가 그래?”

그 말에 “○○가 그러더라.”라고 말하면 절대 안 된다. 잘못하다
가는 싸움이 된다. 그 말은 싹 무시하고 다시 이렇게 질문한다.

“○○이라는 소문도 있고, ××라는 소문도 있던데 혹시 너 양다
리 걸치는 거 아냐?”

"무슨 소리. 난 ○○뿐이란 말이야!"

이렇듯 질문을 통해 진실을 규명하는 방식은 법정에서는 이미 오랜 역사를 가지고 있다. 법정에서 거짓 증언을 하는 사람들에게 몇 개의 질문만으로 거짓을 밝히는 질문을 반대심문이라고 한다. 소크라테스의 질문법이 반대심문의 원형인 셈이다.

반대심문은 일단 상대방의 주장을 받아들이면서, 논리적 모순을 하나하나 지적해나가는 방식이다. 대통령이 되기 이전에 유명한 변호사였던 링컨의 반대심문 사례를 보자. 변호사 시절 링컨의 반대심문은 일화집으로 출간될 정도로 유명했다.

그가 사용한 방법은 소크라테스의 질문법이었다. 링컨이 살인 사건으로 피소된 한 피고를 변론할 때였다. 증인도 있었다. 그 증인은 피고가 살인하는 장면을 직접 목격했다고 주장했다. 이 증인의 증언이 거짓임을 밝혀야만 피고가 무죄가 되는 상황이다. 링컨과 증인이 법정에서 마주섰다.

링컨 : "당신은 사건이 일어난 시각에 피해자와 함께 있었으며, 피고가 권총으로 피해자를 쏘는 것을 직접 목격했다는 말이지요?"

증인 : "그렇습니다."

링컨 : "당신은 피해자와 아주 가까이에 있었던 모양이지요?"

증인 : "아니오, 대략 6m 가량 떨어져 있었습니다."

링컨 : "좀 더 가깝게 3m 정도가 아니었던가요?"

증인 : "아니오, 6m. 아니 좀 더 떨어져 있었습니다."

링컨 : "거기는 전망이 확 트인 벌판이었나요?"

증인 : "아니오, 숲속이었습니다."

링컨 : "어떤 숲이었지요?"

증인 : "참나무 숲이었습니다."

링컨 : "8월이니까 숲이 상당이 무성했겠습니다."

증인 : "음, 그랬지요."

링컨 : "(범행이 사용되었다고 주장하는 권총을 내보이며) 이 권총이 범
        행에 사용되었던 권총과 동일한 것으로 보이나요?"

증인 : "아마도 그런 것 같습니다."

링컨 : "피고가 총을 쏘는 모습을 목격했나요? 총을 잡고 있는 모습
        을 직접 보았나요?"

증인 : "네."

링컨 : "범행 장소는 집회 장소에서 가까웠나요?"

증인 : "1.6km 정도 떨어져 있었습니다."

링컨 : "전등은 어디에 켜져 있었습니까?"

증인 : "목사님 왼쪽이었어요."

링컨 : "1.6km 정도 떨어져 있었다는 말씀이지요?"

증인 : "네, 그렇습니다."

링컨 : "그러면 당신은 현장에 피고나 피해자가 촛불을 들고 있는 것
        을 보지 못했습니까?"

증인 : "보지 못했습니다. 촛불이 왜 필요한가요?"

링컨 : "촛불이 아니라면 당신은 피고가 총 쏘는 모습을 어떻게 볼

총을 쏘는
모습을 어떻게
볼 수 있었나요?

수 있었나요?"

증인 : "달빛으로 보았습니다."

링컨 : "밤 10시경에 총을 쏘는 모습을 보았나요? 그것도 전등이 달려있는 곳에서 1.6km 떨어진 참나무 숲속에서요. 권총의 총열이 보였단 말이지요? 방아쇠 당기는 모습도요? 달빛으로 그런 모습이 모두 보였단 말이지요?"

증인 : "네. 좀 전에 말씀드린 대로입니다."

그러자 링컨은 배심원을 향해 증거물로 달력 한 장을 제출하고서 변론서를 읽기 시작했다. 그 달력에는 당일 달이 뜨는 시각이 새벽 1시로 적혀 있었다.

 ## 질문은 절반의 배움이다

교육학자들에 의하면 의문이 전제되지 않은 배움은 일시적으로 스쳐가는 단편적인 지식일 뿐이라고 한다. 이것은 학교에서 교사의 설명을 듣기만 하는 공부는 죽은 공부라는 의미이다.

교육 전문가들은 수업에 임하기 전에 공부할 단원의 목차라도 읽고 수업에 임할 것을 권한다. 큰 제목, 작은 제목, 도표, 그림……. 그렇게 목차를 기억하고 있으면 수업시간에 마치 예습이라도 하고 온 듯한 느낌이 든다. 목차를 기억하는 것 자체가 궁금증을 심어주는 효과가 있는 것이다.

많은 경우 호기심을 가지는 것만으로도 해답이 떠오르게 된다. 미국의 커뮤니케이션 컨설턴트인 도로시 리즈는 《질문의 7가지 힘》이라는 책에서 질문을 하면 대개의 경우 답이 나온다고 주장한다.

"우리가 일상생활에서 조건반사를 경험하듯이 질문도 훈련을 하고 나면 조건반사처럼 답이 나온다. 비록 그것이 틀린 답일지라도 말이다. 좀 더 정확한 답을 원한다면 질문 역시 정확해야 한다. 이런 훈련을 하고 나면 질문 자체만으로도 훌륭한 답을 얻을 수 있다. 질문은 그에 대한 답을 찾아가는 과정에서 논리적 사고력과 비판적 안목은 물론 행동의 기준인 도덕적 판단을 할 수 있는 능력을 배양한다."

중요한 것은 호기심을 멈추지 않는 것이다. 호기심은 그 자체만으로도 존재할 가치가 있다. 알버트 아인슈타인은 신성한 호기심을 잃지 말라고 말한다.

"누구라도 영원성과 생명성과 놀라운 세상의 신비를 생각하면 경외심에 사로잡힐 수밖에 없을 것이다."

미국이나 캐나다의 학교에서는 1학년들을 상대로 '질문하는 방법'을 교과과목으로 채택하고 있는 곳이 많다.

질문을 잘하자. 질문은 그 자체가 절반의 배움이라는 것을 잊지 말자.

질문은 인터넷 정보검색과 비슷하다

　정보가 귀했던 농경사회에서는 기억력 좋은 사람이 우대를 받았다. 그러나 정보가 넘쳐나는 요즘에는 그 많은 것들을 일일이 기억해야 할 이유가 없다. 인터넷 검색창에 검색만 하면 거의 모든 정보가 나오기 때문이다.

　요즘에는 정보를 찾는 방법이 문제가 된다. 정보를 찾는 방법, 그것이 바로 질문의 요령이다.

　인터넷에서의 정보찾기를 생각해보자. 이때는 검색란에 구체적으로 어떤 검색어를 넣느냐 하는 것이 중요하다. 질문은 단 한 번의 인터넷 검색으로 원하는 정보를 얻을 수 있는 훈련과 같아야 한다.

　그것은 원하는 대답이 나오도록 본질적이면서도 구체적이고, 그러면서도 짧고 간결해야 한다. 즉 어떤 질문을 던졌을 때 어떤 대답이 나올 수 있는지에 대한 충분한 연습을 해야 한다는 것이다.

　어느 작곡가와 대화를 나눈다고 하자. 그는 이미 많은 곡을 작곡한 사람이다. 나는 그가 곡 하나를 만드는 데 어느 정도의 시간이 걸리는지 궁금하다. 이때 다양한 형태의 질문을 선택할 수 있다.

　"작곡하는데 시간이 많이 걸리지요?"

　"네, 그렇지요."

　"한 곡 만드는데 얼마나 시간이 걸리나요?"

　"짧은 것도 있고 오래 걸리는 것도 있고 대중 없어요……."

　"소설은 보통 1년이던데, 음악은 어때요?"

　"아, 짧은 것은 한나절에 끝나기도 해요. 긴 것은 1년 넘게 걸리기도 하지만요."

의문부호로 책읽기와
3색 필기법

유년 시절에는 어머니의 질문이 아이의 관심 분야 형성에 큰 영향을 미친다. 따라서 아이로 하여금 단답형으로 대답하게 하는 질문은 별로 좋지 않다. 가능하면 아이들이 다양하게 생각할 수 있는 질문을 많이 하라는 것이다.

- 나무는 가을이면 왜 옷을 벗을까?
- 나뭇잎은 왜 노랗게 물들까?
- 하나님이 밤에 몰래 물감을 칠하셨나?
- 달님은 왜 자꾸만 우리를 따라 다니는 걸까?

학교에 다닐 나이가 되면 엄마 대신 자신이 스스로 묻고 답하는 자문자답의 연습이 필요하다. 그냥 책을 읽는 것과 자문자답을 해가면서, 혹은 스스로 질문하면서 독서를 하는 것에는 큰 차이가 난다. 그래서 유대인 어머니들은 아이에게 동화책을 절반만 읽어 준다. 나머지 부분은 스스로 궁금증을 가지고 의문부호를 찍어보라는 의미이다.

"왕자와 공주는 결혼을 하게 될까?"

그 의문부호 하나가 독서효과를 획기적으로 높여준다.

사전 예습을 통해서 질문을 준비해도 좋지만, 아니라면 수업시간 도중에 스스로에게 질문을 던지면서 교사의 설명을 들어도 좋다.

　이스라엘 학생들이 사용한다는 3색 필기법도 도움이 된다. 이스라엘 학생들은 3색 펜을 가지고 수업에 임하는데, 교사의 설명은 검정색, 중요한 것에는 빨간색 밑줄, 이해하지 못했거나 질문할 내용은 노란색과 같은 방식으로 필기를 한다. 이렇게 필기를 하면 한 시간 수업이 끝날 즈음이면 질문거리가 3～4개 정도 생긴다.

　다음날 공부할 내용 중에서 '질문할 내용'을 2～3개씩만 만들어가도 충분한 예습이 된다. 그것을 모아 놓으면 훌륭한 질문노트가 될 것이다. 1주일에 한 번 정도 이런 식으로 작성한 질문노트만 훑어봐도 큰 공부가 될 것이다.

위대한 결과는 위대한 질문에서 비롯된다

 **플레밍의 질문 _ 페니실린의 발견**

스코틀랜드는 산과 강, 자연경관이 빼어난데다가 오랜 역사를 지닌 유서 깊은 고성들이 즐비한 지역이다. 또 북쪽에 위치하고 있어 여름방학이나 휴가철이 되면 런던에서 휴양객들이 몰려드는 곳이기도 하다.

스코틀랜드의 시골 마을 에어 록필드 지방에 한 가난한 농부가 살고 있었다. 그 농부에게는 총명한 아들이 하나 있었다. 아들은 런던에 있는 의과대학에 진학하여 훌륭한 의사가 되고 싶었지만 집안이 가난하여 꿈을 이룰 수 없었다.

어느 해 여름, 농부가 들에서 일을 하고 있을 때 강가에서 아이들의 비명소리가 들렸다. 농부가 달려가 보니 한 소년이 물에 빠져 허우적거리고 있었고 아이들은 발만 동동 구르고 있었다. 도시에서 캠핑 온 아이들이었다. 농부는 강으로 뛰어들어 소년을 구해주었다.

며칠 후, 그 마을에 마차를 탄 귀족이 나타났다. 물에 빠졌던 소년의 아버지였다. 소년의 아버지는 아들의 목숨을 구해준 것에 대해 사례를 하고 싶다고 말했다. 농부는 당연한 일을 했을 뿐이라며 사양했다. 그러는 동안 농부의 아들은 귀족이 타고 온 마차를 신기한 듯이 구경하고 있었다.

귀족이 물었다.

"저 아이가 당신의 아들인가 보지요? 저 아이를 런던으로 데려가 내 아들과 똑같이 교육시켜 드리겠습니다."

그리하여 농부의 아들은 귀족이 주는 장학금으로 런던 대학 세인트 매리 의과대학에서 의학공부를 할 수 있게 되었다.

많은 세월이 흘렀다. 귀족의 아들은 영국의 총리가 되어 있었고 농부의 아들은 훌륭한 의사가 되어 있었다.

제2차 세계대전이 발발했다. 영국 총리는 병사들의 사기진작을 위해 전선시찰에 나섰다가 지병이던 폐렴이 재발하면서 쓰러졌다. 이 소식을 접한 국왕은 유명한 의사 한 명을 수소문하여 전선으로 급파했다. 현장에 도착한 의사는 단 하루 만에 총리의 병을 말끔히 고쳤다.

총리의 이름은 윈스턴 처칠이었으며, 그 의사는 물에 빠진 처칠을 구해주었던 농부의 아들 알렉산더 플레밍이었다. 처칠을 살려낸 약은 플레밍이 막 개발한 폐렴 특효약 페니실린이었다. 플레밍으로서는 대를 이어 처칠을 구해준 셈이었다. 그리고 처칠의 아버지로서는 플레밍에게 주었던 장학금이 아들을 위한 보험이 된 셈이다. 우연이라고 보기에는 너무나 아름다운 인연이다.

그런데 페니실린을 발견한 플레밍은 좀 게으른 의사였던 모양이다. 항생제 연구에 몰두해 있던 플레밍은 실험실에서 배양 중이던 포도상 구균접시를 그대로 방치해둔 채 휴가를 떠났다. 돌아와서 보니 배양접시 하나가 푸른곰팡이에 오염되어 있었다. 접시를 버리려던 순간, '혹시?' 하는 생각이 번갯불처럼 스쳐갔다. 그것이 자신이 그토록 찾던 물질일지도 모른다는 생각이 든 것이다.

플레밍은 곰팡이 핀 접시를 현미경으로 관찰하기 시작했다. 놀랍게도 푸른곰팡이 주변에는 배양 중이던 포도상 구균이 모두 죽어 있었다. 페니실린이 발견되는 순간이었다. 1928년의 일이다. 이 공로로 플레밍은 노벨 생리의학상을 받았다. 후일 플레밍은 이렇게 회고했다.

"나의 발명은 위대한 실수가 가져다 준 축복이었다. 성격의 약점이 오히려 나에게 큰 발견을 가져다주었다."

인간의 몸은 대략 30억 개의 유전자DNA로 구성되어 있는데, 그 중에서 3백만 개가 동물과 다르다고 한다. 동물과 다른 유전자는 인간이 가진 전체 유전자의 $\frac{1}{1000}$에 불과하다. 그러나 그것이 인간과 동물을 구별한다. 그 3백만 개의 유전자는 바로 '왜?' 라는 의문부호를 찍을 수 있는 능력이다. 의문부호는 말하자면 인류의 발전을 이끌어온 원동력인 셈이다.

 ## 뉴턴의 질문_만유인력의 발견

1642년, 우주의 신비를 푼 두 명의 위대한 과학자가 생生과 사死를 주고받았다. 같은 해에 갈릴레이 길릴레오가 죽고 뉴턴이 태어난 것이다. 학문적으로도 두 사람은 바톤을 주고받은 것처럼 보인다. 뉴턴이 자신의 이론을 집대성한 '프린키아' 는 갈릴레이의 토대 위에 세워졌기 때문이다. 우연이라면 기막힌 우연이다. 호사가들은 갈릴레이가 뉴턴으로 화신한 거라 말하기도 한다.

여기서 갈릴레이에 관한 뒷이야기 한 토막을 짚고 넘어가자. 갈릴레이는 지동설로 인해 종교재판을 받고 화형의 위기에 직면했다. 재판정에 선 일흔 살의 노인 갈릴레이는 심신이 지쳐 있었다. 결국 그는 자신의 '이단적 주장들을 철회하고, 저주하고, 혐오한다' 는 전향서를 쓰고 살아남았다. 그러나 진실은 그게 아니라는 주장도 있다. 지동설은 갈릴레이가 처음 주장한 것이 아니다. 코페르니쿠스가 먼저 주장한 것을 갈릴레이가 한 번 더 강조한 것밖에 없지 않은가.

바티칸 당국이 진정으로 두려워한 것은 지동설이 아니라 갈릴레이의 원자론이었다. 1623년에 출간된 책 《시금사》에서 갈릴레이는 "물질이 다른 물질로 바뀔 때는 원래의 속성도 바뀐다."는 주장을 펼쳤다. 이것이 교황청의 심기를 건드렸다. 그의 이론대로라면 성찬식 때 나누어주는 빵과 포도주가 그리스도의 살과 피가 변한 것이라는 게 거짓이 되기 때문이다. 이것은 가톨릭의 본질을 위협하는 중대사가 아닐 수 없었다. 결국 바티칸은 좀 덜 위험한 지동설을 내세워 갈릴레이의 입을 다물게 했던 것이다.

재판이 끝난 후, 바티칸은 지동설을 반박하는 논문을 공모했는데, 피사 대학의 수학교수 시피오네 키아라몬티가 당선되었다. 그의 논문은 대략 이러하다.

"동물은 움직인다. 사지와 근육을 가지고 있기 때문이다. 지구는 사지도 근육도 가지고 있지 않다. 따라서 지구가 움직인다는 것은 터무니없는 주장이다."

뉴턴은 저체중의 미숙아로 태어났다. 임신 중에 아버지가 요절하는 바람에 어머니가 충격을 받아 태아가 정상적인 발육을 할 수 없었던 것이다. 그가 두 살이 되었을 때 젊은 어머니는 이웃 마을의 목사와 재혼했다. 남편이 죽고 개가한 어머니가 돌아올 때까지 9년 동안 뉴턴은 할머니 밑에서 자라야 했다. 뉴턴이 다른 사람들과 잘 어울리지 못하고 내성적이면서도 소심한 성격이 된 것은 유년 시절의 모성 결핍증에 기인한 것이라고 한다.

케임브리지 대학 트리니티 칼리지에 입학한 뉴턴은 그리스 철학, 그 중에서도 아리스토텔레스에 심취해 있었으며, 수학과 데카르트의 기하학, 그리고 자연과학에도 깊이 몰두했다. 특히 수학에 뛰어난 재능을 보였다.

1665년, 유럽 전역에 흑사병이 번졌다. 14세기에 이어 두 번째로 유럽을 휩쓰는 재앙이었다. 그러자 모든 학교가 문을 닫았다. 뉴턴은 고향 올즈소프로 돌아와 약 2년 동안 자신의 학문을 조용히 반추할 수 있는 귀중한 시간을 갖게 된다. 만유인력을 발견한 것도 그때였다. 만유인력뿐 아니라 뉴턴의 업적 대부분이 이 시기에 형성된 개념들이었다고 한다. 역설적이게도 흑사병이 만유인력의 발견을 도운 셈이다.

대부분의 책들은 뉴턴이 사과가 땅으로 떨어지는 것을 보고 '우연히' 만유인력을 발견했다고 적고 있으나 사실은 뉴턴에게 이때는 자신이 배운 모든 지식을 원점에서, 철학적으로 반추하던 시기였다. 그리하여 사과가 땅으로 떨어지는 지극히 '당연한' 것까지도 우주론적인 의미로 해석하고 싶었던 것이다. 말하자면 만유인력의 발견은 '필연적인 우연'이었다. 그가 실제로 사과가 떨어지는 것을 보았을 수도 있고 단지 상상 속에서의 지적 유희였을지도 모른다.

뉴턴은 생각에 잠겼다.

'사과는 땅으로 떨어지는데 왜 달은 떨어지지 않는 것일까?'

그때까지 배운 지식으로 보면 하나의 물체가 움직인다는 것은 반드시 어떤 힘이 작용하기 때문이었다.

'그렇다면 그 힘의 정체는 대체 무엇이란 말인가?'

뉴턴은 여기서 지구의 끌어당기는 힘, 곧 중력의 존재를 가정해 보았다. 그는 지구뿐 아니라 모든 천체들 역시 끌어당기는 힘을 가지고 있다고 가정했다. 태양이 끌어당기는 힘에 의해 지구는 태양의 주위를 타원궤도로 돌고, 달 역시 지구가 끌어당기는 힘에 의해 지구 둘레를 돌고 있을 것이다. 그렇게 가정하자 태양계의 운행이 머릿속에 명쾌하게 그려지기 시작했다.

1669년, 케임브리지 대학 수학교수가 된 뉴턴은 연구에 몰두하기 시작했다. 자신의 이론을 수식으로 정리하는 작업이었다. 그 결과를 담은 책이 1687년에 출간 된 《프린키피아Principia》, 일명 '자연철학의 수학적 원리'였다. 만유인력이라는 개념을 생각한 지 20여 년 만의 일이었다. 이 책에서 뉴턴은 중력 이론을 도입하여 우주만물의 운행 원리를 통일된 체계로 설명하고 있다.

"만물은 서로가 끌어당기는 힘을 가지고 있으며, 그 힘은 질량에 비례하고 거리의 제곱에 반비례한다."

만유인력은 이렇게 세상에 나왔다. 사과는 왜 땅으로 떨어지는 것일까? 그 원초적인 의문 하나가 우주의 실체를 밝히는 이론으로 탄생한 것이다.

미적분의 개념을 찾아낸 것도 만유인력을 연구하던 중이었다. 미적분이란 천체가 운행하면서 그려내는 기하학적 형상을 수식으로 표현한 것이라고 생각하면 이해하기 쉽다.

뉴턴에게 만유인력의 영감을 주었던 그 사과나무는 1820년에 베어 의자로 만들어 박물관에 보관되어 있다. 우리나라에는 한국표준연구원 정원에 그 과수원에서 가지를 얻어다 심은 사과나무 한 그루가 자라고 있다.

사과는 땅으로
떨어지는데
왜 달은 떨어지지
않을까?

 ## 에디슨의 질문_전구의 발견

유년 시절의 발명왕 에디슨은 매사에 호기심이 많은 아이였다. 사람마다 붙잡고는 "왜?"라는 질문을 해대는 바람에 사람들로 하여금 머리를 절로 흔들게 만들었다. 그는 호기심이 풀리지 않으면 이를 확인하기 위해 직접 행동으로 옮겼다. 병아리를 부화시키겠다며 헛간에서 계란을 품고 있는가 하면 하늘을 날게 하겠다며 친구에게 가루약을 먹여 땅바닥을 뒹굴게 만들기도 했다. 그 가루약은 물과 섞일 경우 가스가 발생하는 화공약품이었다. 이 일로 인내심 많던 그의 어머니조차도 몹시 화를 냈다고 한다.

좀 더 유명한 일화는 진흙사건이다. 초등학교에 들어간 에디슨은 1+1=2가 된다는 것을 이해하지 못했다. 교사가 사과 하나에 다시 사과 하나를 더하면 사과는 모두 두 개가 된다고 설명하자 에디슨은 진흙 두 덩어리를 들고 나타났다. 왼손의 진흙과 오른손의 진흙을 합치면 진흙은 여전히 하나라는 것이 에디슨의 주장이었다. 이에 기가 막힌 교사 앵글은 에디슨의 어머니를 불러 '머리가 썩은addled 아이' 라며 집으로 돌려보냈다. 초등학교에 들어간 지 3개월 만에 쫓겨난 것이다.

천재들의 어릴 적 특징은 모든 사람들이 당연시하는 문제도 자신이 온전히 이해할 때까지 붙들고 늘어진다는 점이다.

일반인들은 1+1이 당연히 2가 되는 것으로 믿고 있지만 이것은 그리 간단한 문제가 아니다. 이것을 증명하기 위해서는 책 한 권 분량의 증명이 필요하다. 수학자이자 철학자, 논리학자로 20세기

지성을 대표하는 버트런드 러셀과 역시 수학자이자 논리학자인 알프레드 화이트헤드는 '1+1=2'를 증명하기 위해 한 권의 책을 저술했다. 무려 360페이지에 이르는 이 책의 제목은 《수학 원리 Principia Mathematica》였다.

여기에는 이탈리아 수학자 페아노의 공리체계론, 자연수론, 집합론, 덧셈의 본질, 기호논리학이 총동원되고 있다. 에피소드처럼 들리는 이야기에 의하면 이 책을 끝까지 읽은 사람은 아마도 세 사람뿐일 거라고 한다. 그들은 바로 책을 쓴 두 사람과 불확정성의 원리를 제창한 천재 수학자 쿠르트 괴델이다.

러셀과 화이트헤드가 상식 중에서도 상식인 '1+1=2'를 증명하려 한 것은 수학이라는 학문을 단단한 기초 위에 올려놓으려는 시도였다. 모든 사람들이 공감할 수 있는 공리계가 주어지면 모든 수학은 논리적으로 증명될 수 있다는 것을 보여주려 했던 것이다.

요즘의 기준으로 보면 에디슨은 저능아이거나 문제아였을 것이다. 아버지도 선생님도 에디슨을 바보라고 했지만 전직 교사였던 어머니는 그에게 무서운 집념이 내재되어 있음을 알아보았다. 어머니는 조용히 앉아서 눈으로 읽고 귀로 듣는 교육에서 탈피, 그에게 만져보고 느끼고 체험하게 하는 맞춤식 교육을 시작했다. 소위 말하는 호기심 교육이었다. 그리고 그것은 그를 위대한 발명가로 만드는 계기가 되었다.

유년 시절의 에디슨이 가장 감명 깊게 읽은 책은 파커의 《자연과학과 실험과학 입문》 그리고 《로마제국 흥망사》였다. 《자연과학과 실험과학 입문》은 19세기 후반의 물리학과 과학기술을 소개한 책으로 에디슨을 발명왕으로 만들어주는 결정적인 계기가 되었다.

에디슨은 이 책을 읽는 것에 그치지 않고 책에 나오는 실험을 직접 해봐야 직성이 풀렸다. 그 책에 나오는 문장 중 "자연 속에는 발견을 기다리는 상상도 못할 신기한 일들이 얼마든지 있다."는 한 구절이 에디슨에게 강력한 동기를 부여했다는 것이다.

《로마제국 흥망사》는 에디슨에게 '인내'를 가르쳐주었다. 로마 제국의 멸망 원인이 오만과 게으름이었다는 구절을 읽으면서 에디슨은 일생 동안 근면을 다짐했다. 그것이 에디슨으로 하여금 1,000가지가 넘는 발명을 할 수 있도록 정신적인 에너지를 불어넣어 주었던 것이다.

에디슨이 전구를 발명할 때 1,200번을 실패했다는 이야기는 잘 알려진 일화이다. 필라멘트가 문제였다. 필라멘트란 전구의 불이 들어오는 부분으로, 흐르는 전류를 너무 잘 통하게 해서도 안 되고 완전히 차단해도 안 된다. 적당한 전류를 흐르게 하면서도 필요한 만큼의 저항을 일으켜야 그 마찰로 불이 들어오기 때문이다. 구할 수 있는 거의 모든 재료로 실험을 했지만 불은 들어오지 않았다. 1,200번째로 실패했을 때 사람들은 불가능한 일이라고 그를 만류했다. 그러자 에디슨이 말했다.

"천만에요, 저는 불이 들어오지 않는 이유를 1,200가지나 알아냈는걸요."

그러면서 스스로에게 자문했다.

"기대했던 결과가 나오지 않은 이유는 무엇일까?"

"어떤 가설이 잘못된 것일까?"

그때까지의 필라멘트 실험은 대부분 금속류를 사용했다. 에디슨은 생각했다. '금속류는 전류가 너무 잘 통하기 때문에 전기적인 저항을 일으키지 못한다. 금속이 아니면서도 금속적인 특성을 가진 물질, 전기적인 저항을 가지면서도 어느 정도의 전류를 흐르게 할 수 있는 물질을 사용하지 않으면 안 된다.'

에디슨은 '숯'이라는 아이디어를 떠올렸다. 숯은 탄소 성분을 가지고 있으면서도 나무의 성질도 여전히 가지고 있기 때문이었다. 단단한 나무들을 골라 숯으로 만들어 실험에 실험을 거듭했으나 불이 들어오지 않는 것은 마찬가지였다.

마지막으로 시도한 것이 대나무였다. 대나무를 가늘게 쪼갠 다음 고열의 가마에서 숯으로 만들어 이것을 필라멘트로 사용했다. 그러자 필라멘트는 붉게 타오르면서 마침내 빛을 내기 시작했다. 인류를 어둠에서 구하는 순간이었다.

 ## 아인슈타인의 질문_상대성 이론의 발견

인류가 탄생한 이래 빛과 태양은 신비와 경외의 대상이었다. 모든 생명을 태어나게 하고 자라게 하는 존재이며 어둠을 밝히는 존재였기 때문이다. 그래서 모든 종교에서는 빛을 빼놓지 않고 이야기한다. 이란의 종교인 배화교에서는 아예 불 자체를 숭배의 대상으

로 삼기도 한다. 17세기에 이르러서야 빛에 대한 사람들의 관심은 서서히 경외의 대상에서 연구의 대상으로 옮겨갔다.

가장 큰 궁금증은 빛의 속도가 무한이냐 유한이냐 하는 점이었다. 지동설을 주장했던 갈릴레이는 광속이 무한이 아닐 수 있다는 견해를 처음으로 피력했다. 갈릴레이가 처음으로 광속측정에 나선 이후 지금까지 300년 동안 164회의 광속측정 실험이 있었으며 접근 방법은 16종류였다.

1607년 갈릴레이가 처음 시도한 광속측정 실험은 지금의 기술과 비교하면 웃음이 나올 정도로 원시적인 방법이다. 깜깜한 밤중에 먼 산꼭대기로 조수를 보내고 자신은 다른 산꼭대기로 올라간다. 전등으로 빛을 보내고 거울로 다시 그 빛을 받아 빛이 오가는 시간을 측정하는 방식이었다. 이 방법은 너무 원시적이어서 빛의 유한성을 밝히지는 못했다.

그후 1675년에 덴마크의 천문학자인 G. 뢰메르가1644~1710 목성의 위성 이오가 목성에 의해 가려지는일종의 월식 주기가 지구와 목성의 상대적인 위치에 따라 달라지는 것을 발견하고 그 차이를 이용하여 빛의 속도를 측정하였다.

지구와 목성은 각기 다른 주기로 태양의 둘레를 돌기 때문에 두 위성 사이의 거리가 가까워졌을 때와 멀어졌을 때의 거리는 차이가 많이 난다. 그러나 목성의 위성 이오가 목성을 공전하는 주기는 일정할 것이다. 달이 지구를 도는 데 걸리는 시간이 29일 정도인 것처럼 말이다.

그런데도 지구와 목성이 가장 가까웠을 때와 가장 멀었을 때 이오가 목성을 공전하는 시간은 16분 정도의 차이가 발생하였다. 그 16분은 바로 지구와 목성의 거리 때문에 발생한 차이라는 것이다. 그 차이를 이용하여 계산한 빛의 속도는 대략 21만 2,000km/sec였다. 당시에는 지구의 공전궤도 측정 자체가 정확하지 않은 때여서 오차가 나기는 했지만 접근 방법 자체는 상당히 의미 있는 것이었다.

1849년에는 프랑스 물리학자 A. H. L. 피조, 1850년에는 J. B. L. 푸코 등이 빛의 속도를 측정하기 위한 실험을 거듭하였다. 그러다 1887년 마이켈슨과 몰리의 실험에 의해 광속의 비밀이 풀렸다. 이들은 피조와 푸코 두 사람이 개발한 장치를 개량한 회전 팔면경을 사용하여 거의 유사한 값인 299,796,000m/sec를 얻었다. 현재 공인된 광속도는 299,792,458m/sec이며 대략 30만km/sec이다. 이리하여 광속은 그 비밀을 벗게 되었다.

마이켈슨과 몰리의 실험은 빛의 속도를 밝혀내는 큰 성과를 거두었지만 동시에 영원히 풀지 못할 숙제 하나를 남겼다. 바로 광속불변의 법칙이었다. 세상 모든 것의 속도는 상대적이지만 빛의 속도는 30만km/sec로 불변이다. 예를 들면 달리는 기차의 속도는 기차의 진행방향으로 자동차를 타고 달리면서 측정했을 때와 반대방향으로 달리면서 측정했을 때, 혹은 정지 상태에서 측정했을 때의 속도가 모두 다르다. 그러나 아주 빠르게 달리는 기차에서 빛을 달리는 방향으로 쏘았을 때와 반대방향으로 쏘았을 때는 아무런 차이가 나지 않는다는 사실이었다. 광속은 어떤 좌표계에서도 항상 30만km/sec로 일정하다는 것이다.

그러자 물리학자들은 딜레마에 빠지게 되었다. 왜 빛의 속도는 항상 일정한가? 물리학자 치고 한 번쯤 이 문제에 매달리지 않은 사람이 없었지만 그 비밀은 아직도 풀리지 않고 있다. 어쩌면 이것은 영원히 풀리지 않을 의문일지도 모른다.

'만약에'를 의미하는 영어 'If'는 때로 'Why'보다 더 위대한 결과를 가져다주기도 한다. 아인슈타인 역시 한동안 광속불변의 원인을 규명하려 했지만 알 수 없었다. 그는 이렇게 생각했다.

'빛의 속도는 왜 항상 일정한가? 그 이유는 모른다. 어쩌면 영원히 규명되지 않을지도 모른다.'

아인슈타인은 여기서 의문부사 'Why' 대신 'If'를 들고 나왔다.

'만약 빛의 속도가 어떤 좌표계에서도 일정하다면 어떤 일이 일어날까?'

아인슈타인은 방정식을 써내려가기 시작했다.

빛이 이동한 거리를 S, 빛의 속도를 v, 빛이 달린 시간을 t라고 한다면 $S=v\times t$가 된다.

이를 속도에 대해서 풀면 $v=\dfrac{S}{t}$가 된다.

여기서 빛의 속도 v가 어떤 조건에서도 30만km/sec로 일정하다면 $\dfrac{S}{t}$도 일정해야 한다. 그렇다면 빛이 질주하는 우주공간에서는 시간(t)과 공간/거리(S)는 분자, 분모의 관계로 맞물려 있어야 한다.

그래야만 광속불변의 법칙이 성립한다는 것이었다. 이것이 바로 인류 역사상 가장 위대한 상대성 이론이 되었다.

미 국방성의 질문_인터넷의 발견

'Why'가 순차적으로 논리를 추구하는 연역적인 접근 방법이라면 'If'는 결과에서 출발하는 일종의 귀납적인 접근 방법이다. '만약 그러하다면?' 하는 식이다. 21세기의 주역으로 떠오른 인터넷의 탄생도 바로 If 가정법에서 비롯되었다.

1960년대, 미국과 소련이 치열한 냉전을 벌이던 때이다. 핵무기 경쟁에 이어 우주탐험 경쟁이 시작되었다. 핵무기는 미국이 앞섰지만 우주 경쟁은 소련이 한 발 앞서 있었다. 1957년 10월 4일 밤, 워싱턴 주재 소련 대사관에서는 세계적인 과학자들이 참석한 파티가 열리고 있었다. 낮 동안에 개최되었던 '로켓과 인공위성에 관한 학술세미나' 뒤풀이를 소련 대사관이 주최한 것이다.

서방 과학자들은 베일에 싸인 소련의 과학기술에 관해 조그만 정보라도 얻으려고 소련 과학자들 주위에 몰려들었다. 소련 과학자들 중에서도 가장 인기 있는 사람은 거침없이 얘기를 쏟아내는 텁수룩한 수염의 한 원로 과학자였다. 그 원로 과학자 주위로 서방 과학자들이 몰려들었다.

한 서방 과학자가 물었다.

"현재 소련의 우주과학 기술이면 언제쯤 인공위성 발사가 가능하겠습니까?"

그 질문에도 원로 과학자는 거침없는 대답을 쏟아냈다.

"아마도 우리는 조만간 인공위성을 발사하게 될 겁니다."

"조만간이라는 게 언제쯤을 말하는 거요?"

"글쎄, 당장? 일주일? 아니면 한 달?"

그러자 장내는 웃음바다가 되었다. 그 원로 과학자를 허풍쟁이로 여겼던 것이다. 어떻게 한 달 이내에 인공위성을 쏠 수 있느냐는 냉소였다. 그때 다급하게 장내방송이 울려 퍼졌다. 세미나를 취재 중인 뉴욕타임스의 월터 설리번 기자를 찾는다는 긴급 안내방송이었다. 설리번 기자가 달려가 수화기를 들자 편집국장이 다급한 목소리로 말했다.

"이봐! 설리번 기자?"

"네, 접니다!"

"방금 타스 통신에서 들어온 소식인데, 소련이 조금 전에 인공위성 발사에 성공했다는 거야. 빨리 확인해봐요! 특종감이야, 특종!"

"네? 네, 알겠습니다!"

설리번 기자는 전화를 끊자마자, 그 원로 과학자에게 달려가 타스 통신의 진위여부를 물었다. 그러자 그는 너털웃음을 지으며 말했다.

"내가 조만간이라고 말하지 않았소!"

순간 파티장은 찬물을 끼얹은 듯 조용해졌고 미국 과학자들의 얼굴은 새파랗게 질려버렸다. 모든 것이 철저히 계산된 소련의 행동이었던 것이다. 낮 동안 전 세계 일류 과학자들을 불러 모아 우주과학 세미나를 열고, 그들이 파티를 즐기는 바로 그 시각에 인공위성을 쏘아올린 것이다. 스푸트니크 1호였다.

미국 과학자들 중 누군가가 옥상으로 올라가보자고 제안했다. 그러나 그들이 우르르 옥상으로 올라갔을 때 스푸트니크 1호는 이미 지구를 두 바퀴 반이나 돈 다음이었다.

여기서 미국의 자존심은 처절하게 무너져내렸고 1969년 아폴로 11호가 달 표면을 밟기까지 미국은 악몽에 시달려야 했다. 그 중에서도 미 국방성의 충격은 상상을 초월하는 것이었다. 국방성 관계자들이 하나같이 우려하는 것은 소련이 선점한 우주공간에서 미 국방성을 향해 핵폭탄을 터트리는 것이었다.

'만약 소련이 인공위성에서 펜타곤에 핵폭탄을 투하한다면?'

그것은 소름끼치는 가정이었다. 무기 체제를 컴퓨터에 의존하고 있는 미국으로서는 국방성 메인 컴퓨터가 파괴되면 전쟁은 하나마나인 것이다. 그것만은 어찌됐든 막아야 했다.

국방성 관계자들은 미 공군의 싱크탱크인 랜드 연구소The RAND Corporation를 찾아갔다. 1948년에 설립된 랜드 연구소는 미국의 대표적인 정치, 외교, 군사정책 연구소이자 세계적인 싱크탱크 기관이었다. 그곳에는 당시 컴퓨터 공학의 일인자였던 배런 박사가 있었다. 국방성 관계자들은 배런 박사에게 국방성 메인 컴퓨터가 적의 공격으로 파괴되더라도 전쟁을 이어갈 수 있는 통신망을 개발해달라고 부탁했다.

무려 7년의 연구 끝에 배런 박사는 '분산형 통신망' 이라는 개념의 새로운 컴퓨터 네트워크를 제안했다. 가상의 공간에 정보를 저장해두면 국방성이 파괴되더라도 다른 곳에서 정보에 접속하여 작업을 이어갈 수 있다는 내용이었다.

그러나 당시에는 컴퓨터 지식이 일천했던지라 배런 박사의 논문은 공상과학 소설쯤으로 취급되어 창고에서 먼지를 뒤집어 써야 하는 신세가 되고 말았다.

다시 2년의 시간이 지났다. 미 국방성에 유능한 젊은 과학자 릭 라이더가 합류했다. 그는 분산형 통신망에 관한 논문이 있다는 소식을 듣고 국방성 문서고를 뒤지다가 마침내 그 논문을 찾아냈다. 논문을 읽어 내려가던 그는 눈이 휘둥그레졌다. 그것은 바로 자신이 찾던 내용이었다. 그는 당장 MIT의 링컨 연구소로 달려가 배런 박사의 이론을 바탕으로 하는 통신망을 개발해달라고 부탁했다.

그로부터 다시 3년의 시간이 흘렀다. 1969년 9월, 마침내 두 대의 컴퓨터가 완성되어 캘리포니아 대학과 스탠포드 연구소에 설치되었고, 그 둘을 국방성 메인 컴퓨터와 연결하니 이것이 최초의 분산형 통신망이었다. 그것이 바로 인터넷의 원형이다.

'국방성 메인 컴퓨터가 적의 공격으로 파괴된다면?'

그 가상 시나리오 하나가 인터넷을 탄생시킨 것이다.

 ## 다윈의 질문_ 진화론의 발견

찰스 다윈이 진화론의 개념을 잉태한 곳은 남미의 외딴 섬 갈라파

고스 군도였다. 다윈은 해군함정 비글호를 타고 5년 동안의 항해를 하던 도중 4주 동안 갈라파고스 섬에 머물렀다. 이 섬은 남미에서 서쪽으로 1,000km 떨어진 곳에 18개의 크고 작은 섬으로 구성된 군도로, 인간의 발길이 거의 닿지 않아 생물자원의 보고로 남아 있는 곳이다. 600여 종의 식물과 300여 종의 어류, 100여 종의 조류, 20여 종의 파충류, 10여 종의 포유류가 살고 있다.

어기서 다윈이 주목한 것은 거북과 핀치finch 새들이었다. 그곳에는 지구상에 서식하는 14종의 거북 중에 11종이 살고 있었는데, 이들의 형태가 섬마다 달랐다. 좀 더 눈길을 끄는 것은 이곳의 핀치였다. 그리 멀리 떨어지지 않은 섬들인데도 이곳의 핀치들은 각 섬의 먹이 환경에 따라 제각기 부리모양을 달리하고 있었다. 딱딱한 견과류 열매를 깨뜨리기에 적합한 망치모양의 뭉툭한 부리가 있는가 하면, 나무구멍 속에 있는 벌레를 잡기에 적합하도록 끝부분이 갈고리모양으로 휜 부리, 물고기를 잡기에 적합한 기다란 부리 등으로 분화되어 있었다.

여기서 다윈의 본격적인 의문이 시작되었다. 갈라파고스에서 목격한 것을 다윈은 이렇게 적고 있다.

'서로 건너다보일 정도로 가까운 섬에 사는 새들이지만 부리의 크기나 구조가 모두 다르다. 왜 그럴까? 처음에는 모두가 같은 종이었을 텐데 말이다. 주어진 환경에 따라 종이 변하는 것은 아닐까? 그렇다면 생명체는 정지해 있지 않고 끊임없이 변화하고 진화하는 것이 아닐까?'

항해를 마치고 영국으로 돌아온 다윈은 진화에 대한 생각을 지울 수가 없었다. 그러던 어느 날 그가 런던 동물원을 갔을 때 우연히 원숭이 한 마리를 관찰할 수 있었다. 마침 사육사가 원숭이와 장난을 하고 있었다. 사육사는 원숭이에게 맛있는 사과를 주는 척하다가는 뒤로 숨기곤 했다. 몇 번을 그렇게 하자 원숭이는 입을 삐죽거리며 샐쭉한 표정을 지었다. 순간 다윈은 무릎을 쳤다. 원숭이의 얼굴이 삐친 아이의 얼굴과 너무도 흡사했던 것이다.

'인간과 유인원의 뿌리는 분명 동일할 것이다!'

다윈은 그렇게 생각했다.

'인간은 신에게 선택된 종이 아닌 환경에 잘 적응한 종일뿐이다.'

다윈은 진화론에 대한 확신을 가졌다. 그러나 넘어야 할 장애물이 있었다. 개별 생명체가 어떻게 미리 알고서 환경에 적응한단 말인가? 견과류가 많은 섬의 핀치들이 어떻게 알고 뭉텅한 부리의 2세로 태어난다는 말인가? 혹은 북극이나 남극에 사는 동물들은 어떻게 혹한의 추위를 미리 알고서 이에 견딜 수 있는 털을 가지고 태어난단 말인가?

그러다가 찾은 인물이 《인구론》을 쓴 맬서스였다. 맬서스에 의하면 인구는 기하학적으로 증가하는 반면 식량은 산술급수적으로밖에 늘어나지 않는다. 그렇다면 인류의 미래는 치열한 먹이싸움으로 암울할 수밖에 없을 것이다.

여기서 다윈은 대자연의 이치를 깨닫게 되었다.

"모든 종은 먹이 환경이 감당할 수 있는 것보다 훨씬 많은 새끼

인간은 신에게
선택된 종이 아닌
환경에 잘 적응한
종일뿐이다.
진화론

를 낳는다. 이들 중 주어진 환경에 적합한 개체는 살아남고 그렇지 못한 개체는 도태하고 만다. 그렇게 살아남은 개체의 유전인자는 후대로 유전되어 많은 세월이 지나면 전혀 다른 종으로 진화한다.”

진화론은 그렇게 하여 탄생하였다. 다윈에게 진화론의 영감을 주었던 그 핀치 새는 현재 멸종위기에 처해 있다고 한다. 갈라파고스 섬으로 사람들의 발걸음이 옮겨지면서 배에 숨어 있던 쥐들이 섬에 번식하기 시작한 것이다. 그 쥐들은 핀치 새의 천적이 되어가고 있다. 과연 여기서 살아남은 핀치들은 어떤 종으로 진화할지 자못 궁금하다.

이 밖에도 진화론에는 알려지지 않은 재미있는 에피소드가 많다. 찰스 다윈은 어느 한 구석도 부모의 마음에 들지 않는 소심하고 심약한 아이였다. 그는 공부는 뒷전이고 조개껍데기, 광물, 곤충, 자갈 등을 수집하는 취미에 빠져 있었다.

할아버지와 아버지가 모두 유명한 의사였던 집안이라 부모님은 다윈에게 가업을 잇게 하려고 그를 에든버러 대학 의학부에 입학시켰다. 그러나 그는 실습차 들렀던 수술실에서 환자의 비명소리를 듣고는 놀라서 학교를 그만두고 말았다. 당시만 해도 마취기술이 원시적이어서 환자의 팔다리를 침상 다리에 꼭 묶은 채로 환자의 비명을 들어가면서 수술을 해야 했다.

실망한 아버지는 이번에는 케임브리지 대학 신학부에 그를 입학시켰다. 의사가 아니면 목사라도 시킬 생각이었다. 당시만 해도 목사는 사회적으로 존경의 대상이었다. 그러나 다윈은 신학공부는 뒷전이고 조개껍데기를 들고 생물학과 교실을 더 많이 드나들었다. 그러다가 생물학과의 헨슬로우 교수와 친해졌다. 이것이 그의 운명을 바꾸어놓았다. 부모가 보기에는 한심하기 짝이 없는 아이였으리라.

당시 영국은 나폴레옹을 격파한 뒤라 전 세계에 걸친 해상권을 확보할 필요가 있었다. 그러기 위해서는 해양탐사와 경도측정이 필요했다. 이 목적을 위해 해군한정 비글호가 선정되었다.

비글호의 선장 피츠로이는 성경을 글자 그대로 믿는 독실한 기독교인으로 해양탐사라는 원래의 목적 외에도 지구가 성경 말씀대로 창조되었음을 증명해 보이고 싶었다. 그 목적을 위해 케임브리지 대학 생물학과의 헨슬로우 교수를 찾아갔으나 그는 개인 사정으로 긴 여행에 참여할 수 없다며 사양했다. 대신 헨슬로우 교수는 젊은 다윈을 추천하였다. 비글호의 아이러니는 이렇게 시작되었다.

비글호의 아이러니라고 한 것은 성경의 증거를 찾기 위해 승선 시킨 다윈이 그와는 반대로 진화론의 증거를 찾았기 때문이다. 생명체가 진화의 결과물이라면 하나님의 창조는 무엇이란 말인가? 진화론은 피츠로이 선장으로서는 기가 막히는 사건이었다.

1859년, 마침내 《진화론》 초판이 나왔다. 그러나 다윈은 진화론이라는 표현은 쓰지 않았다. '자연선택에 의한 종의 기원에 관하여'가 원제였다. 출간 당일 초판 1,250부가 모두 매진되었다. 그러자 엄청난 파문이 일었다. 각 신문들은 이렇게 대서특필을 했다.

'원숭이가 인간이 되었다면 무엇이든 인간이 되지 말라는 법이 있겠는가?

그리고 각종 시사만화에 다윈은 원숭이로 묘사되었다. 하지만 《진화론》을 읽은 당대의 생물학자였던 토마스 헉슬리는 이렇게 장탄식을 했다.

"난 참으로 바보였구나! 이렇게 쉬운 것을 미처 생각도 하지 못했으니!"

그리고는 다윈의 열렬한 지지자가 되었다. 그 책이 나온 이듬해, 옥스포드의 주교 새뮤얼 윌버포스와 토마스 헉슬리 사이에 진화론에 관한 치열한 논쟁이 벌어졌다. 물론 윌버포스는 창조론, 헉슬리는 진화론의 편에 서 있었다. 토론이 한창일 무렵, 윌버포스 주교가 헉슬리에게 물었다.

"당신이 원숭이의 손자라면 할아버지가 원숭이었소, 아니면 할머니가 원숭이었소?"

그러자 토론장은 갑자기 웃음바다로 변했다. 그러나 여기서 물러설 헉슬리가 아니었다. 그는 말했다.

"중요한 학문적인 토론을 웃음바다로 만드느라 자신의 재능을 낭비하는 인간이기보다는 차라리 원숭이의 자손이고 싶소!"

달에는 공기가
있는가 없는가?

　1969년, 미국이 아폴로 11호를 쏘아 달 표면에 인간의 발자국을 처음으로 남겼다. 이에 소련은 무척 당황했다. 소련으로서는 우주선 개발은 먼저였으나 달 착륙에서는 한 발 뒤진 셈이었다. 그러사 소련은 인간을 달에 착륙시키는 것은 물론 그 장면을 전 세계에 생방송으로 중계한다는 계획을 세웠다. 그리하여 우주선 앞에 엄청난 밝기의 백열등을 장착했다. 그러나 모의실험에서 착륙의 충격으로 백열등의 유리구가 번번이 깨지고 말았다. 이번에는 탱크에 장착하는 특수 백열등을 장착해보았으나 마찬가지였다.

　'이를 어쩐다?'

　모든 과학자들이 충격에 견딜 수 있는 전구에 집착하고 있을 때 이 프로젝트의 책임자 바바킨 박사가 과학자들을 모아 놓고 엉뚱한 질문을 던졌다.

　"전구에서 유리구를 부착하는 이유가 뭐지?"

　너무나 당연해보이는 초보적인 질문이었다. 그러자 과학자들이 대답했다.

　"필라멘트가 불타는 것을 방지해주는 진공 상태를 만들어주기 위해서입
　니다."

　그러자 바바킨 박사가 다시 질문했다.

　"달에는 공기가 있는가 없는가?"

　순간 과학자들은 뒤통수를 얻어맞은 듯한 충격을 받았다. 달은 원래 공기가 없는 진공 상태, 그렇다면 공기로부터 필라멘트가 불타는 것을 막기 위한 유리구는 필요가 없다는 말이 된다.

LMI 학습법

　20대에 백만장자의 대열에 오른 폴 마이어라는 사람이 창안한 학습법으로 'LMI 학습법'이 있다. 이 학습법에서는 수업을 받기 전에 반드시 예습을 해야 하는데, 단순한 예습이 아니라 자신이 예습한 내용 중에서 가장 인상 깊었던 대목이나 중요한 대목 2개씩을 의무적으로 선정해서 넓은 종이에 적어 오는 것이다.

　이 학습법은 적어 온 이것을 수업시간에 벽면에 붙여 두고서 돌아가면서 자신이 선정한 글에 대해 자신의 견해를 발표하는 방식으로 이루어진다. 그러고 나서 질의응답이 이어진다. 이런 식으로 하다보면 예습은 저절로 이루어질 것이고, 질의응답을 통한 학습효과는 배가 된다.

　모르는 것이 무엇인지 명쾌하게 정의하고 나면 공부가 재미있어진다. 이것은 모르던 것을 알아가는 쏠쏠한 재미이다. 다음날 공부할 단원에서 큰 제목, 작은 제목, 도표, 그림, 내용 등을 듬성듬성 살피면서 혼자서 메모를 하거나 생각해보라는 것이다.

　대략 어떤 내용일까, 글쓴이의 결론은 무엇일까, 이 문제를 낸 의도는 무엇일까 하는 식이다. 그런 다음 수업에 임하면 훨씬 더 집중할 수 있을 것이다.

03

물음표로 생각을 넓혀라

사람이 일생에서 질문을 가장 많이 하는 때는 아마도 유아기일 것이다. 아이들은 엄마에게 묻고 또 묻는다. 이제 막 눈을 뜨기 시작하는 세상에 대해 호기심이 가득하기 때문이다.

호기심-질문-배움으로 이어지는 과정은 학습의 원형이다. 그래서 옛사람들은 스스로 깨우치지 못하는 의문을 가지고 스승을 찾아 천리 길을 마다하지 않았던 것이다.

묻는 만큼 알게 된다

유홍준 교수가 쓴 《나의 문화유산 답사기》에 유명한 이야기가 나온다. '문화재는 아는 것만큼 보인다' 는 구절이다. 이것을 학습에 적용하자면 '공부는 의문의 크기만큼 이루어진다' 는 말로 바꿀 수 있다. 큰 의문을 품는 사람이 큰 깨달음을 얻을 것이라는 이야기이다. 특정 주제에 의문을 품으면 사방이 그 주제로 가득해진다.

다음은 어느 원로 목사님의 이야기이다. 목사님은 어떤 중요한 모임에서 '가치' 라는 제목으로 강의를 해달라는 부탁을 받았다. 교회의 설교는 달인이지만 '가치' 라는 조금은 낯선 주제에 대해 강의를 수락하고 보니 덜커덩 겁이 났다. 목사님은 '그래도 몇 주 정도 시간이 남았으니……' 라고 생각하며 준비에 몰입했다.

참으로 신기한 것은 그 몇 주 동안 세상이 온통 '가치' 라는 단어로 둘러싸여 있더라는 것이다. 신문과 TV의 다양한 광고를 봐도, 서점이나 길거리에서 마주치는 일상적인 현상들을 봐도 오로지 '가치' 라는 연결고리를 통해서 눈에 들어왔다. 목사님은 우주가 움직이는 듯한 희열을 느꼈다고 한다.

머슴 할래? 주인 할래?

미국에서 학습효과를 측정하는 재미있는 실험이 하나 있었다. 두 사람으로 하여금 함께 자동차를 타고 낯선 도시를 여행하게 했다. 한 사람은 운전을 하고, 다른 한 사람은 조수석에 앉았다. 여행이 끝난 후 두 사람에게 그들이 여행했던 도시에 관해 질문을 했더니 운전자와 조수 사이에 4.7배라는 정보의 차이가 났다.

운전자는 여행의 주체였기에 거리의 구조, 교통 표지판, 신호등, 건물들을 꼼꼼히 살피면서 주도적으로 여행을 했지만 조수석에 앉은 사람은 눈앞에 전개되는 광경을 수동적으로 구경만 했기 때문이다.

자영업자와 월급쟁이도 주인의식에서 큰 차이가 난다. 어느 세미나에서 들은 이야기 한 토막이다. 연사로 나온 어느 기업의 사장은 이렇게 말했다.

"나 같은 사람이 우리 회사에 0명이나 있다고 말 할 수 있는 CEO는 행복하며, 반대로 나 같은 사람이 한 명도 없다고 말하는 CEO가 가장 불행하다."

회사의 일을 나의 일처럼 챙기는 머슴이 단 몇 명이라도 있으면 그 기업은 행복하다는 의미이다. 동일한 능력의 사람이라도 주인의 입장에서 일하느냐 머슴의 입장에서 일하느냐는 큰 차이가 난다. 주인은 스스로 알아서 일하지만 머슴은 시켜야만 일한다. 주인은 힘든 일도 슬섭시만 머슴은 즐거운 일도 힘들게만 느껴진다. 주인은 어려워도 되는 방법을 찾지만 머슴은 안 되는 핑계를 찾는다.

대기업에 근무하다가 퇴직하고 나서 자영업을 하는 사람들이 공통적으로 하는 말이 있다. 회사에 다닐 때는 장사가 이렇게 어려운 줄 몰랐다는 거다. 회사에 있을 때는 이렇게 생각했다고 한다.

주인의식과
머슴의식의 차이는
걷는 것과 나는
것의 차이.
에고
힘들다.

'쥐꼬리만 한 월급에 이 고생하면서 좋은 소리도 듣지 못할 바에는 내 일을 하지 무엇 하러 직장을 다니나?'

그래서 퇴직을 하고 자신의 일을 해보니 회사 다닐 때의 몇 배로 일을 하게 되더라는 것이다. 그래도 즐겁단다. 그러면서 이렇게 말한다.

"이럴 줄 알았으면 직장 다닐 때 좀 더 열심히 일할 것을……."

이러한 생각 역시 수인과 머슴의 차이이다.

공부도 마찬가지이다. 수능 상위권 학생들과 하위권 학생들의 가장 큰 차이는 자율학습에 있다. 상위권 학생들은 자율학습 시간을 자신의 계획과 주도하에 충분히 활용하는 반면, 하위권 학생들은 자율학습 시간이 가장 고통스럽다. 수업시간이야 그냥 시간을 때우면 지나가지만 자율학습은 무엇을 어떻게 해야 할지 모르겠다는 것이다. 바로 학습의 주체가 되지 못하기 때문이다.

 ## 질문은 유익한 게임이다!

공부의 주체가 되는 가장 좋은 방법은 질문을 하는 것이다. 질문을 하면 나와 교사가 1 대 1의 관계가 된다. 교사의 일방적인 설명을 듣는 것과 질문을 통해 교사의 설명을 듣는 것은 하늘과 땅 차이이다. 이는 스스로에게 던지는 질문도 마찬가지이다. 잘 다듬어진 질문으로 자문자답을 하면서 공부를 하면 마치 게임을 하듯 공부를 즐길 수 있다.

질문을 하기 전에는 '모르는 것'이 무엇인지 먼저 정의해야 한다. 모르는 것을 알고 수업에 임하는 것과 모르는 것이 무엇인지도 모르는 상태에서 수업에 임하는 것은 큰 차이가 난다. 모르는 것이 정의되고 나면 절반은 안 것이 된다.

공부의 질은 생각하는 시간과도 비례한다. 질문은 모르는 것을 정의하는 동안 스스로 그 문제에 대해 생각할 수 있는 시간을 갖게 해준다.

"내 방법은 어디가 틀렸을까?"

"꼭 이렇게만 해야 할까?"

"만약 조건을 바꾼다면?"

"요소를 바꾸면?"

"순서를 바꾸면?"

질문은 모르는 것이 무엇인가를 정의하는 과정과 생각할 시간이 추가되기 때문에 예습보다 공부에 좀 더 적극적이 된다. 또 질문을 통한 학습은 내가 배움의 주체가 되기 때문에 공부가 즐거워지고 신바람이 난다. 같은 일을 해도 남이 시켜서 하는 일은 힘들기만 하지만 자신이 주체가 되어서 하는 일은 힘들어도 즐거운 법이다.

독일의 심리학자 에빙하우스Ebbinghaus는 〈기억에 관하여〉라는 논문에서 사람의 기억은 시간의 제곱에 반비례한다는 이론을 펴고 있다. 그에 의하면 학교에서 교사의 설명을 일방적으로 듣기만 하는 수업의 내용은 20분이 경과하면 절반 가까이 잊어버린다. 하루가 지나면 60%, 일주일이 지나면 70%, 1개월 후에는 80%를 잊어버린다. 단순 기억이기 때문이다.

그러나 몰랐던 것, 궁금해 하던 것을 가슴에 의문부호로 품고 있다가 누군가의 설명으로 알게 되면 그것은 거의 일생 동안 잊히지 않는다. 이해의 차원이기 때문이다. 기억은 유한하지만 이해는 영원하다. 이것이 완전학습이다.

인간의 뇌는 전해 들은 내용만 분리해서 별도로 기억하는 것이 아니라 이야기가 전달되는 상황이나 과정을 종합하여 뭉텅이로 기억한다. 강의를 강의실 현장에서 듣는 것과 라디오나 녹음으로 듣는 것의 차이로 이해하면 쉽다.

강의실에서는 교수님의 행동, 강조할 때의 표정, 칠판에 쓴 그림이나 글씨, 교실 분위기와 같은 상황들이 종합되어 기억되기 때문에 학습효과가 훨씬 더 높다. 질문은 바로 이런 학습효과를 배가시켜준다. 질문은 자신이 주연배우로 출연하는 연극이다. 그런 연극의 대사는 영원히 잊히지 않는다.

자전거 이야기를 해보자. 나는 자전거의 이치를 생각하고 만든 사람은 참으로 위대하다는 생각을 가끔 한다. 넘어지지 않고 달릴 수 있으려면 최소한 바퀴가 3개여야 하지 않은가 말이다. 그런데 달랑 바퀴 두 개를 가지고 달릴 수 있다고 믿었으니 대단하다. 자전거의 원리는 이론적으로 아무리 설명해도 실제 바퀴 두 개로 달려보기 전에는 이해가 되지 않았을 것이다.

자전거 타는 방법을 교실에 앉아서 배운다고 가정해보자. 자전거의 원리와 자전거 타는 방법을 교사가 아무리 열성적으로 강의해봤자 머리에 남는 것은 몇 마디 단어뿐이다. 교사의 설명만 듣고서 자전거를 탈 수 있는 사람은 아무도 없다.

질문도 자전거 타기와 같다. 10시간 자전거 타기 이론을 공부하는 것보다는 1시간 직접 자전거를 타보는 것이 훨씬 더 효과적이듯이 별 다른 목적의식 없이 몇 시간 공부하는 것보다는 한 시간이라도 의문을 가지고 책을 읽는 것이 훨씬 더 효과적이다. 그래서 질문을 통한 학습을 체험학습이라고 한다.

 ## 질문 하나로 인생을 바꾼 사람들

유명인사들의 자서전을 읽다 보면 유년 시절이나 청년 시절 부모나 스승, 아니면 주위 사람 누군가로부터 들은 말 한 마디가 자신의 일생을 바꾸어놓았다는 이야기를 자주 접할 수 있다. 20세기 천재 물리학자 아인슈타인이나 발명왕 에디슨은 당시의 잣대로 평가하면 '바보'였다. 아인슈타인이 저능아로 따돌림을 당할 때 어머니는 아인슈타인을 안아주며 이렇게 말했다.

"이 세상에는 너만이 감당할 수 있는 일이 기다리고 있을 거야. 그 길을 찾아야 한다. 너는 틀림없이 훌륭한 사람이 될 거야."

아인슈타인뿐 아니라 유대인들은 모두 어린 시절에 어머니로부터 일생의 좌우명이 될 희망의 메시지를 들으면서 자란다. 디자이너 캘빈 클라인, 영화감독 스티븐 스필버그, 지휘자 레너드 번스타인, 정신분석학자 지그문트 프로이트, 작가 토마스 만, 배우 찰리 채플린, 은행가 조지프 샐리그만 등이 모두 그러했다. 바로 어머니로부터 동기를 부여받은 것이다.

제2차 세계대전을 승리로 이끈 윈스턴 처칠의 경우를 보자. 그의 인기가 정상을 달리고 있을 무렵 한 신문사에서 재미있는 시도를 했다. 기자는 유치원부터 왕립사관학교까지 처칠을 가르쳤던 교사들의 명단을 뽑아서 어떤 선생님으로부터 가장 큰 가르침을 받았느냐고 물었다. 그러자 처칠이 말했다.

"이봐요, 기자 양반. 당신이 조사한 명단에는 가장 소중한 스승 한 명이 빠졌어요."

기자가 놀라면서 그게 누구냐고 다시 물었다. 그러자 처칠이 대답했다.

"바로 나의 어머니요!"

어머니의 가르침 하나가 자신을 영국의 총리로 만들어주었다고 고백한 것이다.

학창 시절 윈스턴 처칠은 다분히 반항아적 기질의 열등생이었다. 필기시험을 한 번도 제대로 통과한 적이 없을 정도였다. 왕립사관학교에 입학한 것도 세 번의 도전 끝에 가까스로 이루어졌다. 처칠에게 강점이라고는 뚝심 하나뿐이었다.

이런 처칠의 기질을 알아본 어머니는 아들에게 말했다.

"위험이 다가올 때는 절대로 이를 피하지 말고 솔직하고 정직하게 그리고 당당하게 맞서라."

어떤 위험이든 그것이 정당한 것이라면 피하지 말고 당당하게 맞서라는 가르침이었다. 그것은 처칠의 일생을 지탱하는 큰 힘이 되었다. 그런 당당함 때문에 그는 전장에서 일약 영웅이 되어 돌아왔고, 후일 영국 수상이 되어 제2차 세계대전을 승리로 이끌 수 있었던 것이다. 제2차 세계대전이 발발했을 때 처칠이 국민들을 향해 피와 땀과 눈물을 흘릴 것을 호소한 연설은 지금도 명연설로 회자되고 있다. 이런 것이 진정한 동기부여이다.

이번에는 카터 전 미국 대통령의 사례이다. 미 해군사관학교를 막 졸업한 카터 중위는 원자력 잠수함 근무를 신청했다. 당시는 원자력 잠수함이 막 도입되던 시기라 이곳에서의 근무는 사관학교 졸업생들에게 큰 영광이었다. 당연히 경쟁도 치열했다. 경쟁도 경쟁이지만 무섭기로 소문난 해군제독 하이먼 릭오버Admiral Hyman G. Rickover의 면접을 통과해야 합격할 수 있었다. 말이 면접이지 두 시간 동안 해군제독과 마주앉아 벌이는 토론이었다.

강직한 유대인 출신의 해군제독과 초임 장교의 토론, 웬만한 생도들은 기가 죽어 말도 제대로 못해보고 나가떨어진다는 시험이었다. 이 면접의 더욱 특이한 점은 면접, 즉 토론의 주제를 피면접자가 선택할 수 있다는 것이었다. 그만큼 자신 있는 생도만 지원하라는 뜻이었다.

카터 중위는 스스로 자신 있다고 생각하는 시사문제, 해군 전략, 음악, 문학, 전자공학, 함포사격술 등을 면접의 주제로 선택했다. 그는 제독의 넓은 집무실로 안내되었다. 릭오버 제독은 한 번도 웃지 않았으며, 한 번도 그에게서 눈을 떼지 않았다고 후일 카터는

Whe not
the BEST?

회고하였다. 질문을 할 때는 상대방의 눈을 바라보아야 한다.

제독은 카터를 정면으로 응시하면서 질문을 시작했다. 제독의 질문은 점점 더 날카로워졌다. 카터는 진땀을 흘렸다. 토론 막바지에 이르러 카터 중위는 자신이 알고 있는 것이 아무것도 없다는 사실을 절실하게 깨달았다. 이윽고 면접을 끝내려는 듯 제독은 의자를 돌려 앉으며 말했다.

"Annapolis 졸업성적은 어땠나?"

Annapolis는 미국 해군사관학교를 가리키는 말이다. 비교적 성적이 좋았던 카터는 처음으로 자신 있게 대답했다.

"820명 중에서 59등으로 졸업했습니다."

카터는 내심 칭찬을 기다리고 있었다.

"자네는 그걸로 최선을 다했다고 생각하는가?"

의외의 질문에 카터는 다시 긴장했다.

"네! 제독님." 이렇게 말하려다가 그 말을 목구멍으로 삼키고 말았다. 사실 최선을 다하지는 않았기 때문이다. 그리고는 다시 말했다.

"아닙니다! 항상 최선을 다하지는 못했습니다."

제독이 다시 물었다.

"Why not the BEST? 왜 최선을 다하지 않았는가?"

그 질문에 카터는 대답을 하지 못했다. 면담을 마치고 제독의 방을 빠져나왔지만 제독의 마지막 말이 카터의 뇌리에 맴돌았다.

"Why not the BEST?"

제독의 말 한 마디는 오래도록 카터의 뇌리를 떠나지 않았다. 그리고 카터는 결심하게 된다.

'그래, 앞으로는 모든 일에 최선을 다하자!'

해군제독의 질문 하나가 그의 인생을 바꾸어놓은 것이다. 그렇게 매 순간 최선을 다한 결과 그는 조지아 주 지사를 거쳐 미국 대통령이 되었으며, 퇴임 후에는 전 세계를 누비며 집 없는 가난한 사람들에게 집을 지어주는 해비타트 habitat 운동을 활발하게 전개해나가고 있다. 그는 퇴임 후에 더욱 인기를 누리는 전임 대통령이 되었다.

스티븐 스필버그 감독 역시 학교 시절 스승의 한 마디가 오늘의 자신을 있게 했다고 밝히고 있다. 쥬라기공원, 쉰들러 리스트 등의 영화로 세계적인 영화감독이 된 그는 학교 시절 공부는 뒷전으로 물리고 영화에 빠져 있었다. 모든 사람들이 그를 희망이 보이지 않는 아이로 보았지만 그의 담임선생님은 달랐다. 담임선생님은 조용히 스필버그를 불러 말했다.

"네게 꿈이 있다면, 그 꿈이 이루어졌을 때를 멋지게 상상해보렴!"

그 한 마디가 스필버그에게 자신감을 심어 주었고 그를 세계적인 명감독으로 거듭나게 만들었다.

골프 스타 타이거 우즈는 아버지로부터 골프와 인생을 배웠다. 우즈가 힘들어 할 때마다 아버지는 등을 두드려주면서 말했다.

"사람은 누구나 실수를 해. 중요한 것은 같은 실수를 두 번 다시 하지 않는 거야."

이를 계기로 타이거 우즈는 자신이 실수한 원인을 곱씹고 또 곱씹었다고 한다.

"그래, 실수는 한 번으로 족해. 두 번 다시 실수는 없다!"

이것이 오늘의 그를 있게 한 한 마디였다.

루게릭병을 앓고 있으면서도 천재 물리학자로 우뚝 선 스티븐 호킹, 그는 어머니의 한 마디가 오늘의 자신을 있게 했다고 회고한다.

"희망을 가지고 사는 사람에게 인생은 마법처럼 아름다운 거란다."

사도 바울의 이야기를 보자. 오늘의 기독교를 있게 한 것은 바울의 기여가 결정적이었다. 당시 충직한 율법주의자였던 바울은 그리스도인들을 잡아들이는 일을 하고 있었다.

예수가 죽은 지 2, 3년이 지났지만 부활이니, 오순절 성령강림이니 하는 괴소문이 끊이지 않았고 예수를 추종하는 사람의 수는 늘어만 갔다. 바울은 대제사장이 발행한 체포영장을 손에 들고 예수 추종자들을 잡아들이는 일에 나섰다. 그러자 예수 추종자들은 이를 피하기 위해 사방으로 흩어져 달아났다.

바울은 이들을 잡기 위해 다마스커스까지 말을 달렸다. 작열하는 태양 아래 사막을 가로지를 때였다. 하늘에서 빛이 쏟아지더니 바울의 주위를 비추었다. 말이 놀라 달아나는 바람에 바울은 땅으로 떨어졌다. 너무나 밝은 빛이라 바울은 눈을 뜰 수가 없었다. 그때 빛 가운데서 목소리가 들려왔다.

"사울아, 사울아 사울은 바울의 이전 이름이다. 왜 나를 박해하느냐?"

분명 하늘에서 들려오는 소리였다.

"뉘시오이까?"

"나는 네가 박해하는 예수이니라."

그 질문 하나가 바울로 하여금 기독교의 토대를 세우는 데 결정적인 역할을 맡게 하였다.

 ## 창조적 사고를 부르는 질문의 힘

20세기 경영학의 황제로 추앙된 피터 드러커 역시 학교에서 선생님으로부터 받은 질문 하나가 자신의 일생을 바꾸어놓았다고 말한다. 당시 13살이던 드러커에게 담임선생님이 물었다.

"너는 나중에 어떤 사람으로 기억되기를 원하느냐?"

선생님의 갑작스러운 질문에 드러커는 대답을 하지 못했다. 아니, 그런 생각조차 해보지 못했다. 그러자 선생님이 다시 말했다.

"지금은 대답을 하지 않아도 좋다. 그러나 네가 50이 되어서도 이 질문에 답할 수 없다면 인생을 잘못 산 거란다."

드러커는 그때의 대화를 평생 잊을 수 없었다고 회고했다. 드러커는 30권이 넘는 자신의 저서 곳곳에서 선생님으로부터 받았던 질문의 충격을 이야기하고 있다. 그리고 평생 그 질문을 가슴에 품고 살아왔다고 밝히고 있다. 그것이 드러커 일생의 좌표가 되었던 것이다.

선생님의 질문 하나가 드러커의 인생을 바꾸어놓았듯이 드러커 역시 질문의 고수가 되었다. 드러커는 자신의 책에서 시간을 관리하는 방법, 자신의 강점을 이용하는 방법, 중요한 것을 먼저 해결하는 방법, 의사결정 과정에 영향을 주는 방법 등 경영학에서 그가 터득한 대부분의 이론들을 질문의 형태로 전하고 있다. 문제 자체에 빠져 허우적거리기보다는 스스로에게 제대로 된 질문을 던져 해결책을 찾으라는 것이다.

드러커는 다음 3가지의 질문을 스스로에게 던지면서 꼭 해야 할 일, 남에게 시킬 일, 하지 않아야 할 일을 정리해나갔다.

- 내가 지금 하고 있는 일 중에서 필요 없는 일은 무엇인가?
- 나의 일과 중에서 다른 사람이 대신 할 수 있는 일은 무엇인가?
- 내가 다른 사람의 시간을 빼앗는 것은 무엇인가?

의사결정에 대한 드러커의 견해 역시 명쾌하다. 지금 당면하고 있는 문제의 80%는 20%의 요인에 의해 야기된 것이다. 이것은 파레토의 법칙에 나오는 숫자이다. 그럴 경우 10개 중 2가지, 아니면 5개 중 1가지 요인해결에 몰입해야 한다는 것이다.

피터 드러커의 충고로 살아난 기업도 무수히 많다. 좌초 직전에 있던 거대기업 GE 역시 드러커의 조언 한 마디로 살아난 사례이다. 잭 웰치가 GE의 회장으로 취임했을 때, GE는 거의 희망이 없는 기업으로 보였다. GE는 에디슨이 창업한 이래 100년이 넘는 세월 동안 거대한 공룡처럼 비대한 몸집을 유지하고 있었다. 되는 일도 없고, 안 되는 일도 없는 그런 기업이었다.

잭 웰치는 드러커를 찾아가 GE를 살릴 방법을 물었다. 드러커의 화법은 소크라테스의 그것을 닮아 있었다. 상대의 질문에 "이것이다!"라고 정답을 말해주지 않는다. 대신 또 다른 질문을 던지면서 질문자 스스로가 깨닫도록 도와주는 방식이었다.

잭 웰치의 질문에 드러커는 대답 대신 두 개의 질문을 던졌다.

"만약 지금 그 사업을 하고 있지 않다면 그 사업을 다시 시작하겠는가?"

"그렇다면 그 사업은 어떻게 하겠는가?"

두 개의 질문을 받은 잭 웰치는 그 길로 돌아와 다시 하고 싶지 않은 사업 분야를 정리하기 시작했다. 그리고는 경쟁력 있는 핵심 사업에 주력하여 GE를 다시 정상궤도에 올려놓았다.

그후 잭 웰치도 질문식 경영을 구사했다. 그는 수시로 GE의 각 사업부 책임자들에게 다섯 가지 질문을 던졌다.

- 당신 사업부가 속한 산업은 전 세계적으로 어떻게 변하고 있는가?
- 당신의 경쟁자는 지난 3년 동안 어떤 대응을 했는가?
- 당신은 지난 3년 동안 이런 변화에 대해 어떻게 대응했는가?
- 향후 3년간 경쟁자는 우리를 어떻게 위협할 것으로 생각되는가?
- 그렇다면 우리의 대응 방안은 무엇인가?

세계 반도체 기업의 왕자 인텔의 이야기이다. 1980년대에 들어서면서 일본 기업들의 추격으로 인텔이 상당한 위기에 빠진 적이 있었다. 1984년에 2억 달러이던 순익이 이듬해에는 200만 달러로 급락한 것이다.

그러나 후발들의 무서운 추격에도 불구하고 인텔의 경영진이나 직원들은 자신들이 일본 기업에 뒤졌다는 것을 인정하려 들지 않았다. 위기는 시시각각 다가오고 있었다. 위기를 직감한 앤디 그로브는 당시의 CEO인 고든 무어를 찾아가서 물었다.

"만약 주주들이 지금의 경영진을 내쫓고 새로운 경영진이 들어온다면 그들은 어떤 일을 할 것으로 생각합니까?"

그러자 고든 무어가 대답했다.

"그야, 우리가 한 일을 무시해버리고 회사를 확 바꾸어놓겠지!"

다시 앤디 그로브가 질문했다.

"그럼 우리가 새로 들어온 사람들이라고 생각하고 지금 그 일을 하는 것이 어떨까요?"

그리하여 반도체 기업 인텔은 살아났다. 그리고 앤디 그로브는 고든 무어의 뒤를 이어 인텔의 CEO가 되어 인텔의 제2전성기를 연 인물이 되었다.

다음은 학습과는 조금 다른 조직 관리 이야기이다. 마이클 에브라소프 사령관은 미 해군 최신 전함 벤폴드를 질문 하나로 혁신시킨 인물로 알려져 있다. 그가 부임하기 전의 벤폴드는 문제점 투성이었다. 장병들의 $\frac{1}{3}$이 복무기간을 채우지 못하고 해군을 떠났으며, 2차 순항 훈련을 마치면 절반 가까이가 떨어져나갔다. 하지만 에브라소프 사령관이 부임한 후로는 3차 순항 훈련의 지원율이 100%를 이루었다고 한다.

그의 혁신 방법은 오직 질문이었다.

부임 초 그는 300명의 승무원 전원을 상대로 개별면접을 실시하였다. 질문은 단 3가지였다.

- 만족스러운 점은 무엇인가?
- 불만스러운 점은?
- 귀하에게 권한이 주어진다면 고치고 싶은 것은 무엇인가?

그리하여 타당하다 싶으면 그 자리에서 고쳐 나갔다. 그는 일이 잘 풀리지 않을 경우에는 부하들에게 화를 내는 대신 자기 자신에게 질문을 던졌다.

- 지시사항은 명확하게 전달했는가?
- 필요한 자원과 시간을 주었는가?
- 부하들이 임무를 완성할 수 있도록 충분한 교육과 훈련을 시켰는가?

부하들이 결재서류를 내밀면 다시 질문을 던졌다.

- 왜 이런 방식이어야 하나?
- 다른 방법은 없을까?
- 다른 각도에서 한 번 더 생각해보세요.

　이런 식으로 그는 혁신을 이루어낸 사령관이 되었다. 실천학습을 주창하는 조지 워싱턴 대학의 마이클 J. 마쿼트 교수는 질문을 자발적인 동기부여의 가장 좋은 방법이라고 말한다. 지시나 코치를 하면 직원들은 수동적으로 움직이게 되지만 질문을 하면 동기부여가 되어 스스로 움직이게 된다는 것이다.

　그는 리더가 "시키는대로만 해!"라는 자세를 취하면 부하들은 수동적으로만 움직일 뿐, 조직의 문제점을 뻔히 보면서도 행동을 취하지 않는다고 주장한다. 그 사례가 뉴욕타임스이며, 작금의 금융위기를 야기한 엘론이며, 아서 앤더슨이었다. 타이타닉의 침몰이나 첼린저호의 폭발도 질문을 하지 않아서 야기된 사태라고 지적하고 있다.

페인트와 연필

우주 경쟁이 한창이던 시절이다. 미 우주항공국은 우주선의 무게로 고심하고 있었다. 알다시피 우주선이라면 추진력은 강해야 하고, 무게는 가벼워야 한다. 이율배반적이다. 강한 추진력을 얻기 위해서는 연료탱크가 크지 않으면 안 되고, 연료탱크가 커지면 우주선의 무게가 무거워지기 때문이다. 줄여야할 무게는 800파운드였다. 어디서 어떻게 줄일 것인가? 아무리 생각해도 모두 핵심적인 부품들뿐이었다.

그때 한 기술자가 연료통에 페인트칠을 하지 말자고 제안했다. 거대한 연료통에 입히는 페인트의 분량이 정확히 2백 갤런, 800파운드였다. 그동안 인습의 늪에 빠져 무의식적으로 페인트칠을 했던 것이다.

역시 미 우주항공국 NASA에서 있었던 일이다. 이번에는 우주선에서 사용할 필기구가 문제가 되었다. 무중력 상태인데다가 대기압이 없는 우주에서는 볼펜이 작동되지 않기 때문이다. 이 문제를 해결하기 위해 NASA는 엄청난 돈을 투자했다.

그럼 소련은 어떻게 했을까? 그냥 연필을 사용했다. 미국의 그 많은 초일류 과학자들 모두가 산시이 함정에 빠져 있었던 것이다.

선생님, 정관사가 빠졌는데요?

다음과 같은 영문이 있다.

He was in bed.

'그는 침대에 있었다.'

이 정도의 의미로 추측할 수 있다. 그러나 무언가 조금 이상하다. 느낌상 bed가 보통명사이기에 정관사 the나 부정관사 a가 있어야 할 것 같다. 이 것이 스스로 의문을 품어보는 단계이다.

이 질문을 좀 더 구체적으로 다듬어보자.

'a' 나 'the' 가 있어야 할 문장에 빠진 것일까?

아니면 원래 정관사가 없는 문장인가?

그렇다면 정관사/부정관사가 붙으면 다른 의미가 되는가?

어떤 의미로 변할까?

이런 의문부호를 가지고 수업에 임하라는 것이다. 그러다가 수업 도중에 선생님의 설명으로 이해가 되면 좋은 일이고, 아니라면 그 단계에서 질문을 하면 된다. 적어도 위의 내용처럼 정리가 되어 있지 않으면 명료한 질문, 정확한 대답을 얻을 수 없게 된다.

'He was in bed.' 라는 문장에서 정관사 the나 부정관사 a가 있으면 물체, 사물로서의 침대를 가리킨다. 따라서 'He was in the bed.' 가 되면

'그는 침대에서 놀고 있었다.' 정도의 의미가 된다. 이부자리를 정돈하다는 의미로 bed가 사용될 때는 the가 붙어서 'make up the bed.'로 표현한다. 'She is on the bed.'가 되면 '(전화를 받기 위해) 침대에 앉아 있다.'는 의미가 된다.

그러나 앞의 문장처럼 the가 없이 'He was in bed.'가 되면 물체로서의 침대는 사라지고 침대의 목적을 나타내는 추상명사가 되어 관사를 붙이지 못한다. 침대의 목적은 잠을 자는 것이다. 따라서 'He was in bed.'가 되면 '그는 잠을 자고 있었다.'는 의미가 된다. 이런 용도를 관용구라고 부른다.

이런 용법의 다른 예를 보면 '~go to the sea'는 여름철에 휴가차 바닷가로 가는 것이 되지만 '~go to sea'에서처럼 관사가 없으면 배타는 선원이 된다는 의미이다. '~go to hospital'은 아파서 병원에 가는 것이 되고, '~go to the hospital'이 되면 병원에 간호원으로 취직했다는 이야기가 된다.

'a bed'라는 표현은 거의 사용되지 않는다. 침대는 잠자는 용도와 가구로서의 용도가 대부분이기 때문이다. 그러나 'a'가 사용되는 경우를 굳이 찾자면 소설 같은 데서 방안을 묘사할 때이다. '방안에는 커다란 거울이 걸려 있고 그 아래로는 침대가 하나 놓여 있었다.' 하는 식의 표현이다.

04

질문 잘하는 방법

질문의 목적은 다양하다. 학생들이 교사에게 던지는 질문이 의문해소를 위한 것이라면 교사가 학생들에게 던지는 질문은 주의를 집중시키거나 학생들의 이해 정도를 측정하기 위해 혹은 학생들의 참여를 유도하기 위해서이다.

명강의를 하는 교수들은 모두 훌륭한 질문가들이었다. 행인이 길을 묻는 것은 정보를 얻기 위한 것이며 검사나 변호사가 던지는 질문은 진실을 규명하기 위한 것이다. 연설가들도 수시로 청중을 향해 질문을 던진다. 이런 질문은 청중을 자신의 이야기 속으로 끌어들이기 위한 것이다. 지난 대선에서 모 당의 후보는 "지금 살

림살이가 나아지셨습니까?"라는 그 특유의 어투로 질문을 던지며 청중을 사로잡았고 정주영 회장은 "해보기나 했어?"라는 질문으로 직원들에게 행동을 촉구했다.

질문은 이러한 목적에 맞게 다듬어져야 한다. 벤자민 프랭클린은 자문자답을 통해 할 일을 찾았던 것이 세상에서 가장 훌륭한 질문이었다고 자서전에서 쓰고 있다.

"내가 이 세상에서 가장 잘할 수 있는 것은 무엇일까?"

 의문부호로 세상을 보자!

소크라테스는 자신이 아무것도 알지 못하며 알고 있는 것은 아무것도 모른다는 사실 뿐이라고 말했다. 아무것도 아는 것이 없으니 세상이 모두 의문부호로 가득하더라는 것이다. 그래서 그는 사람들을 붙잡고 묻고 또 물었다.

"왜 Why? 어떻게 How?"라는 의문부호를 품고서 주위를 둘러보면 세상은 온통 질문거리로 가득 차 있다. "왜? 어떻게?"라는 의문은 호기심으로 이어지면서 훌륭한 학습동기로 작용한다. 학습에 임할 때 이런 질문을 던졌던 문제는 시간이 지나도 거의 잊히지 않는다. 자신과의 문답이 곧 공부인 것이다.

스승의 그림자도 밟아서는 안 되는 유교 문화권에서는 질문이 자칫 스승에 대한 결례로 인식되어 있다. 이것은 질문을 가로막는 가장 큰 장애가 된다. 질문이 활성화되기 위해서는 이른바 '라포

rapport의 형성'이 우선되어야 한다. 프랑스어인 라포는 '마음의 유대'라는 의미이다.

이것이 형성되어야 질문이 활성화 될 수 있다. 가르치는 교사는 학생의 입장이 되어 마음의 문을 열고, 배우는 학생은 좀 더 용기를 가져야 한다. 이에 가장 좋은 방법은 교사가 먼저 질문을 던져서 문답 형식 수업을 하거나 적절히 유머를 섞어가면서 질문을 유도하는 것이다.

의사와 환자 사이에도 라포가 형성되지 않으면 치료효과가 반감된다. 요즘 미국에서는 환자와의 라포를 중요시하여 하버드 의대의 경우, 1학년 학생들은 중병환자를 돌보게 하는 과정이 필수라고 한다. 환자는 물론 그 가족들과의 라포 형성을 위해서이다. 다른 대학들도 이와 유사한 과정을 밟고 있다.

이들은 환자의 이야기에 경청하고 대화를 통해 환자가 즐거웠던 일 또는 젊은 날의 추억을 떠올리게 하여 신뢰를 쌓는다. 이것은 환자가 의사를 믿고 자신을 맡길 수 있어야 병을 고칠 수 있다는 것을 교육하는 과정이다.

가장 먼저, 사용하는 어휘의 개념이 당사자 간에 명료하게 정립되어 있지 않으면 대화가 성립되지 못한다. 그래서 소크라테스는 대화를 시작하기 전에 주제에 대한 개념을 먼저 정의하고 대화를 시작했다. 메논이라는 젊은이가 소크라테스를 찾아와 "덕德으로 사람들을 가르칠 수 있는 것인가?" 하고 묻자 소크라테스는 덕의 정의부터 짚고 넘어가자고 말했다. 질문의 핵심인 그것이 명료하게 정리되지 않으면 동문서답이 되기 때문이다.

특히 한자 문명권에 속하는 우리나라의 경우, 용어의 개념이 정립되지 않으면 깊은 대화가 불가능하다. 예를들어 '日'자를 질문자는 '하루'로 정의한 반면 답변자는 '태양'으로 받아들일 수도 있기 때문이다.

그리고는 주어진 주제에 대해 근본적인 의문을 제기해보는 것이다. 모든 사람들이 당연시하는 것들도 때로는 의심을 품어 볼 필요가 있다. 뉴턴의 사과처럼 말이다. '왜?'라는 질문을 던지면 세상을 보는 관점도 바뀌게 된다.

사파리의 사례를 보자. 지금이야 거의 모든 동물원이 사파리 방식을 택하고 있지만 옛날 동물원은 무조건 동물을 우리에 가두어 두고 사람들이 돌아다니면서 구경을 하는 구조였다.

"왜 동물들을 우리 속에 가두어 놓아야만 할까? 원래 자연 속에서 뛰어놀던 것이 동물이 아닌가? 원래의 형태로 두고서 볼 수는 없을까?"

이런 난센스 같은 질문 하나가 아프리카 케냐의 '사파리 자연 동물원'이 되었다.

우리가 사용하는 세계지도는 거의가 아시아와 태평양이 중심에 그려져 있고 유라시아 대륙 맨 끝에 한반도가 초라하게 매달려 있는 모습이다. 그것을 보고 있노라면 이런 의문이 든다.

'이 좁은 나라에서 어떻게 살아갈까?'

하지만 세계지도를 항상 그런 식으로 봐야 할까? 한 번 뒤집어

보라. 그러면 한반도는 넓은 세계를 향해 포효하고 있는 호랑이의 모습이 된다. 그 모습을 보면 이런 생각이 들 것이다.

'우리가 뻗어나갈 길은 무한하구나!'

필리핀의 한 작은 도시에서 있었던 일이다. 그 도시의 교도소장이 이런 의문을 품었다.

'왜 죄수들을 어두컴컴한 방에 가두어 두어야만 하는가?

교도소라는 곳은 죄 지은 자를 벌하는 목적도 있지만, 근본적으로는 그들이 다시는 죄를 짓지 않도록 교화해야 하는 것이 아닌가? 그래서 그는 죄수들을 밝은 곳으로 불러내어 사교춤을 가르쳤다. 그러자 놀랍게도 재범률이 떨어졌고 그 도시는 가장 범죄가 없는 도시가 되었다.

삼성의 이건희 전 회장도 개념적인 질문을 잘 던지는 사람으로 유명하다. 어느 날 이건희 회장은 호텔신라 사장을 만나서는 이렇게 물었다.

"업이 뭐요?"

당신이 맡고 있는 호텔의 정의가 무어냐는 질문이었다. 그 사장은 너무 갑작스러운 질문이라 얼른 대답을 하지 못했다.

이회장이 다시 물었다.

"호텔이 서비스업이요? 아니면 부동산업이요?"

호텔은 두 가지 모두로 정의할 수 있다. 그러나 어느 것으로 정의하느냐에 따라 경영 방식이 달라져야 한다.

그런 질문을 받은 최고경영자는 몇 달 동안 대체 호텔이 무어냐,

그렇다면 어떻게 경영을 해야 하느냐 하는 문제로 깊이 생각하게
되었다.

 ## hearing하지 말고 listening하라

질문을 잘하기 위해서는 먼저 남의 말을 잘 들을 줄 알아야 한다.
말 잘하는 사람이 질문을 잘할 것 같지만 사실은 잘 듣는 사람이
질문을 잘한다. 세계에서 질문을 가장 잘한다는 토크쇼의 여왕 오
프라 윈프리, 한 시간 동안 진행되는 토크쇼에서 그녀가 말하는
시간은 고작 10여 분 정도이다. 대략 8 대 2 정도로 듣기에 8, 말
하기에 2를 할애하는 방식이다.

나머지는 초대 손님이 하는 말에 눈이나 고갯짓으로 공감을 표
시하고, 중간 중간에 징검다리식 질문으로 상대방의 이야기를 재
미있게 듣고 있다는 것을 보여줌으로써 상대방으로 하여금 더욱
열심히 이야기하도록 유도한다. 상대방의 이야기를 열심히 들어
야만 효과적이고도 시의적절한 질문을 할 수 있기 때문이다.

영이에서 '듣는다' 는 의미의 영어는 hearing과 listening이 있
다. hearing이 귓가에 스치는 소리를 듣는 것이라면 listening은
남의 이야기에 귀를 기울이는 경청이다. 훌륭한 질문을 잘하려면
먼저 훌륭한 'listener' 가 되어야 한다.

또한 질문을 잘하기 위해서는 충분한 정보를 가지고 있어야 한
다. 토크쇼를 보다보면 질문자인 사회자가 얼마나 공부를 했느냐

가 눈에 보이는 경우가 많다. 그들은 일정한 방식을 가지고 있다. 일단 초대 손님에 대한 정보를 충분히 확보한 다음에 질문을 핵심적인 질문과 보조적인 질문, 상대방의 이야기에 따른 보충 질문으로 나눈다. 그런 다음 전체적인 진행의 흐름을 봐 가면서 적절한 질문을 던진다.

스포츠 중계에서 조금 이례적인 상황이 발생하면 몇 년 전 어느 시합에서 이런 일이 있었다는 식의 명쾌한 설명이 바로 그것이다. 그 정도의 정보를 사전에 확보하고 있어야 훌륭한 질문자가 될 수 있다. 학생들이라면 예습이나 질문노트 같은 것이 여기에 해당된다.

 ## 질문 비법 1_나만의 질문노트를 작성하자

교육 전문가들의 말에 의하면 질문노트를 만들면 성적이 쑥쑥 올라간다고 한다. 이것은 예습과는 뉘앙스를 조금 달리한다. 예습이 별 다른 의식 없이 다음날 공부할 내용을 훑어보는 수준이라면 질문노트를 준비하는 것은 질문을 만들겠다는 목적의식을 가지고 있다는 점에서 차이가 난다.

질문노트는 일단 다음날 배울 단원에서 새로운 개념의 단어를 살피고, 큰 단원, 작은 단원, 도표, 그래프를 살피면서 몇 개 정도의 질문을 작성하는 방식으로 준비한다. 이 노트를 준비하는 것만으로도 충분한 예습이 된다.

사전에 질문노트를 만들지 않았다면 수업시간 중에 만들 수도 있다. 수업시간에 교사의 설명을 받아 적느라 전체적인 문맥을 놓치지 말고 교사의 설명을 듣고 흐름을 따라가면서 질문거리를 메모해보자.

수업 중에 질문할 거리를 4~5개 정도씩 만들어가면 대부분은 수업 도중에 의문이 해소된다. 수업 내용에 경청하게 되기 때문이다. 그래도 모르는 것이 있으면 그때에는 실제로 선생님께 그것에 관해 질문을 해라.

사실 의문부호를 찍기에는 신문이 가장 무난하다. 신문에는 다양한 세상 이야기가 고르게 들어있으므로 관심사를 넓히기에도 안성맞춤이다. 하루치 신문을 읽으면서 분야별로 몇 개 정도의 질문을 만들어보면 관심사가 훨씬 더 증폭될 것이다. 신문의 경제란을 읽고 스스로 다음과 같은 질문을 던져보자.

- 담배세를 올리면 과연 흡연율이 줄어들까?
- 위조지폐가 난무하면 어떤 일이 일어날까?
- 잭 웰치식 경영이 실패라고 말하는 이유는 무엇일까?
- 시장 만능주의가 되면 누가 가장 피해를 입을까?
- 빌 게이츠의 재산을 전 세계 사람들에게 나누어주면 얼마씩 돌아
  갈까?

# 질문 비법 2_스펀지식 and 채금식 책읽기

책을 읽는 방법에도 크게 두 가지가 있다. 책의 내용을 가능한 많이 기억하려는 방식을 스펀지식이라고 부르고 중요한 것만 기억하려는 방식을 채금식이라고 부른다. 스펀지식이 닥치는 대로 빨아들이는 스타일이라면 채금식探金式은 모래알을 채로 쳐서 금을 채취하는 방식panning-for-gold으로 한 권의 책에서 핵심적인 알맹이 몇 개를 건지는 방식이다. 스펀지식이 무조건 암기하려는 방식이라면 채금식은 끊임없이 질문을 던지면서 책을 읽는 방식이다.

역사시간에 신라의 삼국통일을 공부한다고 하자. 별 다른 생각 없이 교과서를 읽거나 수동적으로 교사의 설명을 듣기보다는 '반도에서 가장 낙후되었던 신라가 삼국을 통일할 수 있었던 근본적인 요인은 무엇이었을까? 군사력? 화랑도? 외교력? 국제정세? 호국불교?' 이런 식의 의문을 가지고 수업에 임하라는 것이다.

물리시간이라면 중력과 만유인력은 동일한 힘인가? 그렇다면 왜 별개의 용어를 사용하는가? 등의 의문을 품어보자. 교사의 설명이 귀에 쏙쏙 들어올 것이다. 채금식 독자는 다음과 같은 생각을 하면서 책을 읽는다.

- 이 내용은 객관적 사실일까, 아니면 글쓴이의 주장일까?
- 이 단원의 중요한 핵심은 무엇인가?
- 그렇게 주장하는 이유는 무엇인가?
- 근거나 표현이 애매하지는 않은가?

왜?
무엇이?
어떻게?

- 이 글의 전제가 되는 어떤 가정은 없는가?
- 누락된 정보가 있다면?
- 인용한 통계에 오류는 없는가?

대부분의 글에는 객관적인 사실과 글쓴이의 주관적인 의견이 혼재되어 있다. 스펀지식 독서를 하다보면 객관적 사실과 글쓴이의 주장이 엇갈릴 뿐 아니라 나중에는 그것이 독자 자신의 생각인 것처럼 변해버리기도 한다.

그러나 채금식 독자들은 책의 내용을 모두 기억하려고 하지 않는다. 핵심적인 몇 가지, 그것도 사실과 글쓴이의 주장을 분리해서 기억한다. 그리고 글쓴이의 주장에 대해서도 모두 긍정하지 않는다. 책을 읽는 동안 글쓴이의 주장에 대한 반대 의견도 몇 개쯤 형성한다.

이렇게 보면 스펀지식 독서는 지양되어야 할 것 같지만 그렇지는 않다. 스펀지식으로 습득한 지식은 나중에 훨씬 더 복잡하고 다양한 사고의 기초가 된다. 사회과학의 경우 이 분야에 대한 절대량 이상의 지식이 축적되어야 비판적 사고가 가능하다. 비판적 사고는 그 이후의 일이다.

채금식 독서가 어느 정도 훈련이 되면 독서의 효율이 아주 높아진다. 독서의 속도도 2~3배 이상으로 빨라진다. 특정 접속사만 눈으로 읽어도 글쓴이의 주장을 쉽게 파악해낼 수 있다. 예를 들면 다음과 같은 접속사들 다음에 나오는 문장은 글쓴이의 주장이다.

- 따라서(consequently)

- 그리하여(hence, therefore)

- 사실상(in fact)

- 요약하자면(in short)

- 알 수 있다(indicates that)

- 분명하다(clear)

- 결론적으로(in conclusion)

다음 글을 채금식 방법으로 읽고 오류를 지적해보자.

통계적으로 현재 우리나라의 이혼율은 40%에 육박한다. 한 해에 결혼하는 부부 10쌍 중 4쌍이 이혼을 한다는 이야기이다. 성격이 맞지 않아서, 남편이나 아내의 학대를 견디지 못해서, 남편이나 아내의 도벽 때문에, 직계존속에 대한 학대나 폭력 때문에, 심지어는 너무 사랑하기 때문에 이혼을 한다고 한다.

가정이 파괴되기 시작한 것은 꽤 오래됐다. 그런데 참 이상한 것은 유명 연예인들의 이혼사례를 언론이 앞다투어 보도하기를 좋아한다는 것이다.

우리나라 국민들처럼 모방하기를 좋아하는 국민들도 드물다. 그런 국민들에게 부도덕하고, 말도 안 되는 이혼 사유들을 서슴없이 공론화시키는 역할을 언론이 부끄러움 하나 없이 당당하게 담당해주고 있다. 정말 웃기는 현상이다.

이 글에는 심각한 통계의 오류가 숨어 있다. 통계청의 이혼율 40%는 이렇게 산정된 수치이다.

$$이혼율 = \frac{1년에\ 이혼한\ 쌍}{1년에\ 결혼한\ 쌍} \times 100$$

즉 1년에 1,000쌍이 결혼을 하고 400쌍이 이혼을 했다는 이야기이다. 그러나 이혼한 400쌍이 언제 결혼한 사람들이냐 하는 수치는 숨어 있다. 올해 이혼한 400쌍 중에는 당해에 결혼한 사람도 있을 수 있겠지만 5년 전, 혹은 10년 전에 결혼한 사람들도 모두 포함되어 있는 것이다. 이것이 함정이다.

우리는 상식적으로 이혼율이 40%라 하면 결혼한 1,000쌍 중에서 사별이 아닌 인위적으로 헤어지는 부부가 400쌍이라고 생각한다. 하지만 당해 결혼에 당해 이혼이라는 개념을 적용하면 우리나라의 이혼율은 아직도 10% 미만이다. 이렇듯 스펀지식 독서법으로는 자칫하면 그릇된 정보를 받아들일 수 있다.

 ## 질문 비법 3_질문은 짧게, 굵게, 간결하게!

질문은 핵심만 담아낼 수 있을 정도로 짧고 간결해야 한다. 긴 질문은 몇 개의 짧은 질문으로 나누어 단계적으로 물어야 효과적이다. 또한 질문자의 주장이나 견해가 질문과 뒤섞여서는 안 된다. 가끔 국회에서 대정부 질문을 하는 것을 보면 질문자가 자신의 주장을 나열하는 것인지 질문을 하는 것인지 구별이 안 되는 경우가 있다.

질문을 던졌을 때 질문자는 예상되는 대답 몇 가지를 머릿속에 그려야 한다. 이런 질문을 던지면 A, B, C 3가지 중 하나의 대답이 나올 것이다. 만약 A라는 대답이 나온다면 다음에는 이렇게 물어야겠다는 스토리를 그리는 것이다. 이때 던지는 추가적인 질문은 '만약 그렇다면?' 하는 식이 된다.

'예', '아니오'를 요구하는 질문이나 단답을 요구하는 질문을 '닫힌 질문'이라고 한다. 이런 질문은 학생들의 학습에는 좋지 않은 질문이다. 특히 어린 아이들에게는 이런 질문을 하면 안 된다. 닫힌 질문이라는 용어처럼 사고를 차단하기 때문이다.

그러나 사실이나 진실을 규명할 때에는 닫힌 질문이 유용한 경우가 많다. 범죄 수사물을 보면 범인의 대답을 '예', '아니오'로 유도한 다음에 진술의 모순을 들추어 범인을 잡는 것을 흔히 볼 수 있다.

좀 무거운 주제의 질문에서는 본 질문에 앞서 '예', '아니오' 혹은 단답형의 질문을 앞세운 다음에 본 질문으로 들어가면 좋은 결과를 얻을 수 있다. 특히 협상에서는 짧고 간단한 질문을 던지면서 상대방을 '예'로 이끌어내는 것이 절대적으로 유리하다.

요즘 극장에서는 영화 상영 후에 감독과 관객들과의 대화시간을 갖는 경우가 많다. 영화가 상영되고 나서 대학생으로 보이는 한 젊은이가 감독에게 이러한 질문을 했다.

"감독님이 이 영화에서 전하고 싶은 메시지는 무엇입니까?"

그러자 감독은 선뜻 대답을 못했다. 이런 질문은 묻고 싶은 질문일지는 모르지만 좋은 질문은 아니다. 특정 메시지를 전달하기 위해 만들어지는 영화도 있지만 대부분의 영화는 재미를 우선으로 한다. 정말로 그 영화가 주려는 메시지가 궁금하다면 간단히 대답할 수 있는 질문 2~3개를 앞세우자.

"그 영화를 찍은 것이 ××년이지요?"

"영화에는 참혹한 전쟁 장면과 사랑 장면이 많이 나오던데 어느 것에 좀 더 무게를 두셨는지요?"

이렇게 하여 범위를 좁힌 다음에, 두 사람이 공통적인 단어를 사용하기 시작할 즈음 무거운 질문을 던진다.

가정법 역시 질문의 유용한 수단이 된다. 이런 가정들 말이다.

- 수학이나 과학이라면 그 이론이 성립할 수 있는 조건은 무엇인가?
- 만약 조건을 바꾼다면 어떤 결과가 나타나는가?
- 빛은 파동인가 입자인가?
- 만약 빛이 파동이 아니라면 어떤 현상이 일어나야 하는가?
- 만약 입자가 아니라면 어떤 현상이 일어나야 하는가?

인간의 뇌에는 약 140억 개 정도의 뇌세포가 있는데, 각 뇌세포는 다시 1만~10만 개의 서로 다른 기능을 가진 뇌세포와 연결돼 있다. 책을 읽거나 교사의 설명을 듣는 동안 뇌세포는 바쁘게 움직이면서 정보를 저장한다.

그러나 질문을 받게 되면 동원되는 뇌세포의 숫자가 훨씬 더 많아진다. 한편으로는 질문의 요지를 정리하고, 다른 한편으로는 답변을 준비하기 위해 정보가 저장된 다른 뇌세포를 검색하느라 바쁘게 움직이기 때문이다.

그냥 '하늘이 푸르다' 라는 글을 수동적으로 읽기만 하는 경우와 '하늘이 왜 푸르지?' 하는 의문문 형식으로 읽을 때는 엄청난 차이가 난다. 그래서 공부의 달인들은 독서를 할 때 '의문문' 으로 고쳐서 읽는다.

- 제목, 소제목을 의문문으로 바꾸어서 읽어라.
- 스스로를 가르치는 입장이 되어 책을 읽어라.
- 책을 읽고 나서 중요한 것을 의문문 형식으로 기억하라.

책을 읽을 때 내용을 평서문으로 읽지 말고 의문문으로 바꾸어 읽어 보면 많은 궁금증이 유발된다. 모차르트나 아인슈타인 같은 천재들의 이야기가 나오는 책이라면 한 번쯤 의문부호를 찍어보자.

그들은 과연 천재였을까? 천재였다면 어떤 점에서 천재였을까? 아인슈타인이라면 사고의 접근 방법에서는 천재적이었지만 수학의 낙제생이었으며, 자신의 상대성 이론을 정립할 때에도 수학공식은 다른 사람의 도움을 받아야 했다. 그는 정말 천재였을까?

 ## 질문 비법 4_구체적이고도 본질적인 질문을 하라

"잘못된 질문 제기는 잘못된 답으로 이어진다."

철학자 비트겐슈타인의 말이다. 정확한 답을 얻기 위해서는 질문 역시 명료해야 하며, 정확해야 한다. 남에게 던지는 질문이든 스스로에게 던지는 질문이든 마찬가지이다. 막연하게 공부 잘하는 방법이 무엇이냐고 묻는다면 대답은 '열심히 하라!' 정도밖에 없다.

신입사원을 선발하는 면접시험에서 면접관은 질문 몇 개를 가지고 후보자가 어떤 사람인지 파악해야 한다. 그러기 위해서는 잘 짜인 질문을 준비하지 않으면 안 된다.

후보자에 대해 무엇을 알고 싶은가? 후보자의 업무 능력, 인생관, 그가 가진 강점, 창의력, 추진력 그리고 끈기와 집념 등일 것이다. 면접관은 그것이 정의된 다음에 이를 유추해낼 수 있는 질문을 준비해야 한다.

이를 파악하기 위한 질문은 고도로 정교하게 준비되어야 한다. 예를 들어 "당신의 창의력은 어느 정도입니까?"라는 식의 질문에는 "네, 좋은 편입니다!"라는 대답밖에 돌아오지 않는다. 이런 문제는 2, 3단계로 이어지는 질문으로 물어야 한다.

질문의 범위가
너무 넓으면
돌아오는 대답이
불분명하다.

"당신이 지금까지 살아오면서 겪었던 일 중에 가장 창의적이었다고 생각하는 일은 무엇이었습니까?"

이렇게 물어서 대답이 나오면 이어지는 추가적인 질문으로 이를 확인하는 방식을 택해야 한다.《생각의 탄생》을 쓴 창조경영의 전도사 루트번스타인은 면접 시에 이렇게 묻는다.

"당신의 이력서에서 가장 특이한 부분을 꼽는다면 무엇인가?"

그리고 얼마나 다양한 경험을 했느냐를 선발의 기준으로 삼는다고 한다.

구체적인 질문은 창의적 사고를 높여주는 계기가 된다. 리더십 전문가인 존 맥스웰은 좋은 리더의 훌륭한 질문은 조직구성원들의 창의적 사고에 아주 좋은 방법이라고 말한다. 그러기 위해 그는 다음과 같은 질문을 부하직원에게 자주 던지라고 권고한다.

- 그것은 왜 그런 식으로 되어야 하는가?
- 이 방법의 장단점은?
- 가능한 다른 방법은?
- 근본적인 문제는 무엇인가?
- 잠재된 이슈는 무엇인가?
- 그것은 무엇을 떠올리게 하는가?
- 그것의 반대는 무엇인가?
- 설명해주는 은유나 상징은 무엇인가?
- 그것은 왜 중요한가?

여자 대학생들이 모여 있는 곳으로 가서 어떤 남자가 여러분들을 만나고 싶어 한다고 전해주면 학년별로 반응이 다르다는 유머가 있다. 1, 2학년 여학생들은 잘생겼느냐고 묻고, 3학년 여학생들은 키가 크냐고 묻고, 4학년 여학생들은 어디 있느냐고 묻는다고 한다. 나이가 들수록 남자를 보는 안목이 구체적으로 변해간다는 이야기이다. 아마도 졸업생들에게 물어 본다면 "총각이냐?"고 물을지 모른다.

질문을 전문으로 하는 여론조사 기관이라고 하자. 여기서는 질문의 토씨 하나까지 아주 엄격하게 따지고 든다. 어느 패스트푸드 회사에서 상품개발의 기초자료로 쓰기 위해 샐러리맨의 점심식사 실태조사를 의뢰했다. 갓 입사한 신입사원에게 질문지를 만들어 보라고 하면 대개가 이렇게 한다.

"점심식사는 주로 무엇을 드십니까?"

이러면 거의 대답은 "밥"이 나온다. 물으나 마나 한 질문이다.

이럴 땐, 이렇게 하자.

"오늘 점심식사는 무엇으로 드셨습니까?"

이렇게 물으면 "된장찌개, 자장면, 냉면" 등의 구체적인 답이 나온다. 이 대답을 응답자의 특성에 따라 성별, 연령대별, 직급별로

분류하면 어떤 계층을 위해 어떤 상품을 개발할 수 있을 것인가
하는 문제의 해답이 나온다.

"사람은 왜 사나요?"

이렇게 질문이 비본질적이고도 추상적이 되면 답이 없다. 이러
한 질문은 종교적인 영역의 질문이 되어 버리는 것이다.

머리를 채우는 독서?
생각을 넓히는 독서!

유명한 경영학자 중에 톰 피터스라는 사람이 있다. 그는 경영학 관련 서적보다는 소설을 즐겨 읽는다고 한다. 사람들이 그 이유를 물었다. 그러자 그는 이렇게 말했다.

"대부분의 경영학 서적들은 답을 제시해준다. 반면 위대한 소설들은 '위대한 의문'을 던져준다. 이것이 내가 가르침을 얻기 위해 소설을 즐겨 읽는 이유이다."

학문의 발전 과정을 보면 문학, 철학, 예술 등 인문 분야가 먼저 발전하고 여기서 영감을 받아 수학과 과학이 발전하고 기술과 산업으로의 발전이 그 다음을 잇는 형태가 된다. 문학이나 철학이 위대한 것은 하나의 정답이 아닌 상상력과 의문을 던져주기 때문이다.

아인슈타인의 말이다.

"상식이란 18세 소년이 길거리에서 주워서 모은 편견의 집합이다. 창의력이란 당연한 것으로 여겨지는 상식에 대해 '왜?'라는 의문을 던지는 것에서 출발한다."

만약 "왜?"라는 물음 없이 눈앞에 전개되는 모든 것을 당연한 것으로 받아들였다면 인류는 원시생활에서 한 발자국도 벗어나지 못했을 것이다. 상식이 의심의 터널을 지나는 순간 새로운 진리를 낳는다.

6색 사고 모자

　6색 사고 모자는 학습자들로 하여금 서로 다른 입장이 되어서 아이디어를 내는 사고 훈련이다. 참석자들에게 6가지 색깔의 모자를 하나씩 쓰게 하고 모자의 성격에 맞는 사고를 발표하게 한다.

　예를 들면 주어진 아이디어에 대해 노란 모자를 쓴 사람은 좋은 점과 긍정적인 측면을 말하게 하고, 검정 모자를 쓴 사람은 비판적 의견을 말하게 한다. 모자의 색깔에 따라 역할을 달리한다.

　이 방법은 아이디어의 산출, 평가, 선택의 기능을 고루 갖추고 있다.

- 흰색 모자 : 해결하고자 하는 문제를 명확히 인식하고 문제와 관련된 사실관계를 확인한다.
- 녹색 모자 : 문제해결을 위한 아이디어를 제시한다.
- 노란 모자 : 아이디어의 좋은 점, 긍정적인 면을 열거한다.
- 흑색 모자 : 제시된 아이디어의 부정적인 측면, 불가한 이유를 찾는다.
- 적색 모자 : 아이디어에 대한 직관적 느낌을 말한다.
- 청색 모자 : 도출된 아이디어를 종합적으로 검토한다.

질문으로
성적을 올려봐!

 **공부, 즐겨야 이긴다!**

마이크로 소프트가 아직 초창기였던 시절, 아침에 일찍 출근하던 직원들은 사무실 구석에 담요 한 장으로 새우잠을 자고 있는 빌 게이츠 회장을 발견하고는 놀라곤 했다. 사무실에서 밤샘 작업을 한 것이다. 그것은 누가 시킨다고 할 수 있는 것이 아니다. 스스로 즐기지 않으면 할 수 없는 일이다.

빌 게이츠는 이렇게 말하곤 했다.

"매일 아침 눈을 뜰 때마다 오늘 내가 하는 일과 개발하게 될 기술이 인류의 삶을 변화시킨다는 생각을 하면 더 없이 흥분되고 에

너지가 넘친다."

성공한 사람들의 공통점은 자신이 좋아하는 일을 했다는 것이다.

"위대한 것 중에서 즐기지 않고 이룩할 수 있는 것은 없다."

월리엄 셰익스피어의 말이다. 어느 날 사람들이 에디슨에게 너무 열심히 일만 하지 말고 쉬어가면서 하라는 충고를 했다. 그러자 에디슨이 말했다.

"저는 한 번도 열심히 일한 적이 없습니다. 항상 즐겼을 뿐입니다."

어느 분야에서든 경지에 오른 사람들은 자신이 하는 일을 즐기는 사람들이었다. 공자는 말했다.

知之者 不如好之者(지지자 불여호지자)

好之者 不如樂之者(호지자 불여낙지자)

풀이하면 '알기만 하는 사람은 좋아하는 사람만 못하고, 좋아하는 사람은 즐기는 사람만 못하다' 는 의미이다.

피겨 요정 김연아 선수를 보자. 그녀는 고된 훈련을 마치고 돌아오면 몹시 힘들어 했다. 이를 지켜보던 어머니는 안타까운 마음에서 이렇게 말했다.

"천재는 노력하는 사람을 이길 수 없고, 노력하는 사람은 즐기는 사람을 이길 수 없다."

연습을 즐기라는 어머니의 충고였다. 그 말을 들은 김연아는 정신이 번쩍 들었다.

"그래, 즐기는 사람을 이길 사람은 아무도 없다. 연습 자체를 즐기자!"

2002년, 우리나라가 월드컵 4강에 올랐을 때 히딩크의 카리스마적인 지도력에 대해 많은 분석이 이루어졌다. 그러나 정작 히딩크 감독 자신은 별로 가르친 것이 없다고 말한다. 그가 항상 강조했던 말은 "축구를 고통이라 생각지 말고 즐겨라!"는 것이었다. 노력하는 사람도 즐기는 사람을 이길 수는 없는 법이다.

금융계의 황제 워렌 버핏도 같은 말을 하고 있다. 하버드 대학에서 강연을 할 때 학생들이 그에게 성공의 비결이 무어냐고 물었다. 그러자 버핏은 이렇게 말했다.

"성공을 쫓지 말라. 성공은 노력한다고 해서 이루어지는 것이 아니다. 자신이 좋아하는 일을 하다보면 성공은 저절로 따라오는 법이다."

영상미학의 귀재 스필버그를 보자. 그의 학교성적은 하위권이었다. 오직 영화에만 미쳐 있었기 때문이다. 고교를 졸업할 무렵 그는 영화의 명문인 남가주 대학에 진학하고 싶었지만 성적 불량으로 그 뜻을 이루지 못하고 롱비치에 있는 캘리포니아 주립대학에 진학했다. 대학 시절에도 그는 영화에 미쳐 있었다. 학교수업은 2일간 몰아서 듣고 3일은 유니버설 스튜디오에 가서 구경하는 것으로 소일했다.

그가 유니버설 영화사에 출근한 이야기는 유명한 일화로 남아 있다. 그는 신사복을 입고 아버지의 가방을 들고 직원인 척 위장

하여 사무실을 드나들었다고 한다. 거기서 알프레드 히치콕 같은 명감독이 일하는 모습을 직접 보면서 감독의 꿈을 키워나갔다. 어느 날 빈 사무실 하나를 발견하고는 '스필버그'라는 문패를 달아 놓고 그 방에서 일을 하기도 했다. 그러다가 정체가 들통나서 쫓겨나고 말았다. 그로부터 1년 뒤, 스필버그는 20분짜리 단편영화를 만들어 할리우드 사상 최연소 감독으로 조명을 받기 시작했다. 그가 대학생 때의 이야기이다.

빌 게이츠, 금융계의 황제 워렌 버핏, 스필버그의 공통점은 무엇일까? 이들이 모두 유대인이라는 점이다. 세계에서 가장 우수하다고 평가받고 있는 유대인 교육의 핵심은 상상력과 창의력, 그리고 어느 분야든 자신이 좋아하는 일을 하게 하는 것이다.

이것은 공부를 즐길 수 있는 자신만의 방법을 찾으라는 의미이다. 수재들은 공부 자체를 즐긴다. 그러기 위해서는 나름대로의 방법이 필요할 것이다. 수능에서 수석을 차지했던 어느 학생은 어느 날 수학에서 '아름다움'을 발견했다고 한다. 그는 아름다운 문제 몇 개를 머릿속에 담고 차 안에서 풀이하는 것을 즐겼다. 그는 버스 안에서 푼 수학문제가 책상에 앉아서 푼 문제보다 훨씬 더 많았다. 그 재미 또한 여간 아니라고 말한다.

전문가들은 공부를 즐기려면 '호기심'을 가지고 '스스로' 하라고 말한다. 어떤 것에 대해 강한 호기심을 품으면 궁금했던 것들을 하나씩 알아가는 동안 공부를 놀이처럼 즐길 수 있다는 것이다. 호기심을 가지는 가장 좋은 방법은 매사에 '왜?'라는 의문부호를 던지는 것이다.

SW3R이라는 학습법에 의하면 공부를 할 때도 별 생각 없이 무작정 책장을 넘길 게 아니라 공부할 내용을 몇 분 정도 쭉 훑어보면서 몇 개의 의문부호를 가지고 공부에 임하라고 한다. 한 시간 동안 공부할 내용이면 5분 정도의 시간을 내어 큰 제목, 작은 제목, 도표, 삽화들을 훑어보면서 의문부호 몇 개를 던져보자.

- 이 단원의 핵심적인 주제는 무엇일까?

- 이 글은 사실을 말하는가, 글쓴이의 의견을 말하는가?

- 다른 관점에서 기술할 수는 없을까?

- 만약 그렇다면?

이런 의문부호를 가지고 책을 읽으면 알아가는 재미를 즐기면서 훨씬 더 능동적으로 공부를 할 수 있다. 우리가 일상에서 너무도 당연하게 받아들이는 것들도 한번쯤 근본적인 의문을 제기해 보는 것이 좋다. 그것이 사고의 상상력과 창의력을 기르는 가장 좋은 방법이다. 뉴턴은 사과가 땅에 떨어지는 것을 보고 '왜?'라는 의문부호를 찍지 않았는가.

- 왜 하늘은 파랄까?

- 열을 가할수록 단단해지는 물체는 없을까?

- 왜 비행기 사고는 여름에 가장 많이 일어날까?

사람이라면 누구나 한 분야의 재능은 타고나는 법이다. 전 과목에서 상위권 성적을 내기는 어렵겠지만 자신이 좋아하는 한두 과목에서 상위권에 진입하는 것은 조금만 더 노력하면 이룰 수 있다. 한두 과목에서라도 상위권 성적을 내면 전반적으로 공부에 자신이 생긴다. 가능하면 한 과목 정도는 '1등'을 목표로 설정하라.

반에서 10위권인 학생이 있다고 해보자. 전 과목에서 고르게 10등을 하는 것과 전체적으로는 10위권일지라도 한두 과목에서 1, 2등을 하는 것은 다르다. 일단 상위권에 접어든 과목은 조금만 노력하면 그 수준을 유지할 수 있다는 것이 전문가들의 견해이다. 그렇게 하면 다른 과목에도 자신감이 생기게 된다. 그래서 한 과목이라도 자신 있는 분야를 가지라는 것이다.

학습에 있어서 자신감이 얼마나 중요한지를 말해주는 사례를 보자. 다음은 미국에서 진행했던 실험이다. 박사 과정 학생들이 듣는 수학시간이었다. 교수는 칠판에 문제를 적으면서 이렇게 말했다.

"이 문제는 오랫동안 수많은 수학자들이 매달렸지만 풀지 못한 문제이다. 여러분도 풀지는 못하겠지만 사고 훈련을 위해 한 시간만 이 문제와 씨름해보라."

문제 자체가 난해한 탓에 학생들은 모두 손을 놓고 있었다. 그때 지각생 하나가 나타나 문제를 보더니 주섬주섬 문제를 풀기 시작했다. 그러더니 수업시간이 종료되기 전에 그 문제를 해결했다고 한다. 다른 학생들은 '아무도 풀지 못한 문제'라는 말에 처음부터 '불가능'이라는 최면에 걸려 있었지만 지각생은 그 말을 듣지 못했기 때문에 겁 없이 도전할 수 있었던 것이다. 이처럼 어떤 일에 자신감을 갖느냐 갖지 못하느냐는 큰 차이로 작용한다. 그래서 한 과목이라도 자신 있는 과목을 만들라는 것이다. 그러면 아이의 눈빛이 달라진다.

유대인들은 전 과목 성적이 지나치게 고르게 나오는 아이는 개성이 없는 아이로 여긴다. 7과목 중에서 2과목은 아주 잘하고, 2과목은 아주 못하고 나머지는 중상 징도, 이런 아이가 나중에 사회에 나오면 쓸모 있는 성인이 된다는 것이다.

 공부 이론 1_내면적 동기와 외면적 동기

동기動機란 한자풀이 그대로 사람을 자발적으로 움직이게 하는 요인을 말한다. 동기를 가리키는 영어단어 motivation은 '움직이다' 는 의미의 라틴어 'movere' 에서 유래되었다. 사람으로 하여금 특정 행동을 하게 만드는 요인이라는 의미이다.

사람을 움직이게 만드는 것은 욕구이다. 욕구에는 여러 가지가 있다. 결핍의 욕구, 명예의 욕구, 권력의 욕구, 생리적 욕구, 자존의 욕구 등 무수히 많다.

미국의 심리학자 매슬로우는 욕구 단계설 Maslow's hierarchy of needs 을 제창하면서 인간의 욕구는 5단계로 이루어져 있다고 말한다. 먹고, 자고, 종족을 번식시키는 가장 기본적인 욕구가 생리적 욕구이며, 자신을 보호하려는 안전의 욕구, 사람들과의 관계를 형성하려는 소속의 욕구, 다른 사람으로부터 존경을 받고 싶은 자아 존중의 욕구, 마지막으로 자신의 재능과 잠재력으로 자신이 원하는 것을 성취하려는 욕구로 구성되어 있다는 것이다. 그 중 어느 욕구가 강렬하냐에 따라서 행동특성도 바뀌게 된다.

학습에서의 동기부여란 한 마디로 '공부를 왜 해야 하는가?' 라는 의문에 대한 대답이다. 왜 공부를 해야 하는가? 그것은 강한 지적 호기심 때문일 수도 있고, 훌륭한 의사나 외교관이 꿈이어서 그 목적을 이루기 위한 것일 수도 있고, 부모님이나 주위 사람들의 기대에 부응하기 위한 것일 수도 있다. 무언가를 이루려는 열망이 강할수록 동기 역시 강해진다.

동기란 무엇인가를 성취하고자 하는 의욕이며 이는 스스로 무엇인가를 갈망하는 데에서 비롯된다. 영어공부를 한다고 할 때, 학교에서 가르치니 그냥 의무적으로 공부하는 사람과 앞으로 나가게 될 사회에서 영어가 중요할 것 같아서 하는 사람, 유학이라는 구체적인 목표를 가지고 있는 사람은 공부를 하는 강도에서 차이가 난다. 공부에 대한 욕구에서 차이가 나기 때문이다. 학생이라면 내가 왜 공부를 해야 하는지 한번쯤 깊이 성찰해보기 바란다.

동기부여에는 내적인 동기부여와 외적인 동기부여가 있다. 모든 동기를 이분법으로 구분할 수는 없지만 대체로 심리적인 보상이 전제가 되는 경우는 내적인 동기, 물질적인 보상이 전제가 되는 경우는 외적인 동기로 구분한다.

어느 분야든 천재성을 나타내는 사람들은 타고난 '무엇' 이 있다.

김연아 선수는 몸이 아프다가도 스케이트화만 신으면 신들린 사람처럼 빙상 위를 펄펄 날았다고 한다. 그런 것을 학습의 내적 동기 intrinsic motivation라고 부른다. 'intrinsic'의 사전적인 의미는 '본질적인, 본래 갖추어진, 고유의'이다. 특정 분야의 재능을 타고났다는 의미이다. 이것은 그냥 좋아서 빠지는 경우이다.

천재 바이올리니스트 장영주는 바이올린이 좋아서 미친 듯이 몰입한 경우이다. 그녀는 철이 들기도 전부터 집에 있던 아버지의 바이올린을 가지고 놀았다. 그녀의 아버지는 음악대학 교수였다. 아버지는 그녀가 4살때, 바이올린을 너무도 좋아하는 딸을 위해 생일 선물로 16분의 1 크기의 바이올린을 사주었다. 그것이 계기가 되어 장영주는 바이올린을 시작했고, 일 년도 안 되어 오케스트라와 협연을 할 정도로 천재성을 드러냈다.

아이들은 엄마가 칭찬을 해주면 좀 더 잘하기 위해 애쓴다. 그리고 실제로 잘하게 된다. 여학생들의 경우는 자기가 좋아하는 교사가 가르치는 과목의 성적이 오르는 현상이 흔하다. 이는 공부를 잘해서 좋아하는 교사로부터 칭찬받고 싶은 동기가 작용하기 때문이다.

서양에서는 내면적 동기부여를 미켈란젤로의 동기라고 부른다. 1508년, 미켈란젤로가 시스티나 성당 천장에 그림을 그릴 때였다. 천장의 넓이만도 600평방미터, 180평에 이른다. 그런 천장에 그림을 그리기 위해서는 높은 받침대 위에 올라가 누운 자세로 그림을 그려야 했다. 그림을 완성하기까지 꼬박 4년이 걸린 역작이었다. 미켈란젤로는 천장 중앙부를 연속하는 9개의 그림으로 창세기 이야기를 배치하고 이것을 둘러싼 곳에는 12명의 예언자를 배치했다. 그리고 창세기 이야기와 맞닿는 곳에는 20개의 청년 나상을 그렸다.

그가 한창 그림에 열중하고 있을 때 한 친구가 찾아왔다. 그 친구는 누운 자세로 땀을 뻘뻘 흘리는 그의 모습을 보고 이렇게 말했다.

"이봐, 잘 보이지도 않는 구석에 뭘 그렇게 정성을 쏟나. 그림이 완벽한지 아닌지 누가 알기라도 한단 말인가?"

그러자 미켈란젤로가 말했다.

"내가 알잖아!"

스스로 완벽을 추구했던 천재, 그는 다른 사람들이 봐주는 그림이 아닌, 자기 스스로 만족할 수 있는 그림을 위해 혼신의 힘을 모두 쏟았던 사람이다. 그러한 마음가짐으로 그렸기 때문에 지금까지도 모든 사람들이 불후의 명작이라 말하는 '천지창조' 가 완성될 수 있었던 것이다. 미켈란젤로의 이러한 자세는 전형적인 내면적 동기부여의 사례이다.

내적인 동기에 대한 반대 개념으로는 외적인 동기가 있다. 이것은 우리나라 엄마들이 즐겨 사용하는 동기부여의 방법이다. "백점 맞으면 스케이트 사줄게!" 혹은 "숙제 다하면 네가 좋아하는 피자 시켜줄게." 하는 식이다. 외적 동기부여는 전형적인 당근과 채찍 방식이다. 이러한 외적 동기는 효과가 없지는 않지만 자칫 내면적인 동기를 감소시키는 계기가 될 수 있다. 가만히 내버려두어도 잘하는 일을 누군가가 시키면 오히려 하기가 싫어지는 경우가 있기 때문이다.

두 가지 모두가 중요하지만 학습에 있어서는 스스로 하고 싶어 하는 마음, 내면적 동기가 훨씬 더 중요하다. 말을 물가로 끌고 갈 수는 있으나 강제로 물을 먹일 수는 없다. 공부는 결국은 자신이 하는 것, '왜 공부를 해야 하는가?'에 대한 스스로의 동기부여가 가장 중요하다.

《하루라도 공부만 할 수 있다면》이라는 제목으로 책을 쓴 P군의 사례를 보자. 이 책은 장애인을 부모로 두고, 월세 5만 원을 내지 못해서 쫓겨날 정도의 가난 속에서 어려움을 딛고 서울대 공대에 합격한 P군의 이야기이다.

평소 그의 성적은 전교 꼴찌 수준, 수학은 25점대를 맴돌았다. 자포자기 상태에서 공부를 전혀 하지 않았기 때문이다. 하느님을 원망해보기도 했다. 그러던 어느 날이었다. 문득 그는 이 상황이 누구를 원망한다고 해서 해결될 일이 아니라는 것을 깨달으면서 공부에 대한 강렬한 욕구가 솟아올랐다. 자신의 상황에서 대학 구경이라도 할 수 있는 방법은 오직 하나, '서울대'에 들어가는 것뿐이었다.

그날부터 그는 이를 악물고 공부를 하기 시작했다. 그렇게 공부하여 6개월 만에 전교 1등, 서울대 공대에 합격하는 기적을 이루어냈다. 그래서 책 제목을 《하루라도 공부만 할 수 있다면》이라고 붙인 것이다. 이러한 절박함이 강력한 동기부여로 작용한 것이다. 유대인들의 능력이 뛰어난 것도 수천 년 동안 절박함 속에서 생존

해왔기 때문이다.

그는 말한다. 공부는 요령이나 방법만 알고 있어서는 한계가 있다. 그것을 뛰어넘기 위해서는 왜 공부를 해야 하는지에 대한 절실한 이유가 있어야 한다. 즉 스스로의 동기부여가 필요하다는 것이다.

 공부 이론 2_이성 좌뇌 vs 감성 우뇌

좌뇌형과 우뇌형에 관한 연구는 1960년대 미국에서 본격적으로 시작되었다. 1950년대 중반 아이젠하워 대통령은 미국의 최첨단 과학을 자랑하면서 우주개발에 있어서도 미국이 선두에 나설 것임을 확신했다.

그러나 모든 사람들의 예상을 깨고 소련이 먼저 스푸트니크 1호를 쏘아 올렸다. 그러자 미국의 자존심이 완전히 무너져 내렸다. 국가 비상대책 위원회가 설립되고 소련에 뒤진 원인 규명에 나섰다. 거기서 나온 결론은 '상상력의 빈곤'이었다.

상황은 긴박하게 돌아가고 있었다. 이번에는 캘리포니아 기술 연구소를 중심으로 상상력 빈곤의 원인을 찾기 시작했다. 그리하여 인간의 뇌는 좌, 우로 나누어져 있으며, 좌뇌는 주로 논리적인 사고, 우뇌는 주로 창의적인 사고를 한다는 것이 밝혀졌다. 그리고 좌, 우뇌는 수술을 해서 분리해놓아도 각기 별도의 기능을 수행한다는 사실을 알게 되었다. 결국 우뇌의 활용에서 소련에 뒤졌다는 것이 미국의 결론이었다.

좌, 우뇌의 기능을 좀 더 자세히 살펴보면 좌뇌는 수리, 추리, 논리, 계산적인 기능을, 우뇌는 직관, 통찰, 창의력 등을 관장한다. 좌뇌형은 논리적, 합리적이기 때문에 공부도 잘하고 한 우물을 파는 형이며 승부근성도 있다. 좌뇌형이 이성적이라면 우뇌형은 감성적이다. 좌뇌형이 계획적이라면 우뇌형은 즉흥적이다. 좌뇌형이 매시를 꼼꼼히 따지며 순서대로 접근하는 것에 비해 우뇌형은 직관적으로 판단하기 때문에 이거다 싶으면 일을 벌이고 본다.

좌뇌형은 계획을 세워서 책을 읽지만 우뇌형은 그저 읽고 싶은 책을 읽는다. 좌뇌형이 객관적, 분석적으로 문제에 접근하는 방식이라면 우뇌형은 직관적, 통합적으로 접근한다. 좌뇌형은 지능도 높고 언어, 수학, 과학에 능한 반면 우뇌형은 음악, 그림 등 창의적인 분야를 좋아한다.

그러나 수학, 과학을 잘한다고 해서 무조건 좌뇌형은 아니다. 좌뇌형은 초등학교에서는 수학을 잘하지만 학년이 올라가서 종합적인 사고를 요하는 고난도 응용문제가 나오면 당황한다. 그런 문제는 오히려 우뇌형이 더 잘 푼다. 그래서 수학자나 과학자 중에는 좌뇌형이 많지만 고도의 상상력을 요하는 고급 분야의 수학이나 물리학에는 오히려 우뇌형 학자가 많다.

여기서 심리학자 에드워드 드 보노는 이 이론을 좀 더 구체적으로 가다듬으면서 좌뇌는 논리의 사슬을 따라 움직이는 수직적인 사고를 하는 반면, 우뇌는 논리체계를 벗어난 수평적인 사고를 한다는 사실을 밝혔다.

좌뇌형은 과학자, 연구원, 발명가, 물리학자, 생명공학자, 약사, 간호사, 의사, 은행가, 세무사 등의 직업이 적합하다. 반면 우뇌형은 직관력이 뛰어나 학자, 예술가, 정치인, 기업인, 스포츠인, 연예인 등에 적합하다.

기업 경영자 중에도 좌뇌형 경영자는 기존의 사업을 다듬고 관리하고 원가절감을 통해 좋은 성과를 내지만 우뇌형 경영자는 새로운 사업을 구상하고 이것을 궤도에 올리는 비범함이 있다.

그러나 일반적인 사람들의 경우 좌뇌, 우뇌의 어느 한 쪽으로 단정하기는 어렵다. 극 좌뇌형이나 극 우뇌형은 소수이며 대부분은 양쪽 뇌의 기능을 모두 갖추고 있되, 어느 기능이 좀 더 발달했느냐의 차이이다.

역사적인 인물로는 아르키메데스 같은 과학자가 전형적인 극 좌뇌형이며 피카소 같은 화가는 극 우뇌형이다. 아인슈타인이나 에디슨 같은 발명가는 좌우 모두가 발달했지만 좌뇌가 좀 더 발달한 상대적 좌뇌형이며, 위대한 건축가 가우디 같은 인물은 상대적 우뇌형이다.

역사상 좌우뇌 모두가 아주 발달한 경우는 르네상스 시대의 천재 레오나르도 다빈치였다. 그는 좌우뇌가 모두 일반인보다 월등히 발달했다고 한다. 그래서 수학, 과학, 의학, 건축, 예술 등 다양한 분야에서 천재성을 발휘할 수 있었다.

좌뇌형이 기술 위주의 아날로그적인 산업사회에 좀 더 적합한 유형이라면 우뇌형은 창의성이 중요시되는 디지털사회에 좀 더 적합한 유형이다. 참고로 일본 사람들은 좌뇌형이 많고 한국 사람들은 우뇌형이 많다고 한다. 그래서인지 일본은 미국에서 개발한 기술을 카피하는 데에는 천재적인 재능을 발휘했지만 디지털 시대가 전개되자 성장 동력을 잃었다. 그렇다면 21세기에는 우뇌형인 한국이 세계사에서 큰 역할을 할 것이 틀림없다. 한국의 활약을 기대해본다.

위대한 발명이나 발견 중에는 우연에 가까운 것들이 많다. 뢴트겐은 진공방전 실험을 하던 중 몇 미터 떨어진 곳에서 형광 스크린에 빛이 들어오는 것을 보고서 X선을 발견하였으며, 병상에 입원해 있던 베게너는 누운 상태에서 벽에 걸린 세계지도를 보다가 남아메리카 동쪽과 아프리카 서쪽이 요철의 관계처럼 일치하는 것을 보고 대륙 이동설을 제안하는 결정적인 계기를 마련하였다.

좀 더 재미있는 것은 케큘레의 사례이다. 그는 벤젠의 분자구조를 연구하다가 깜빡 잠이 들었다. 꿈속에서 그는 6마리의 뱀이 서로의 꼬리를 물고 돌아가는 것을 보았다. 이상하다는 생각을 하며 잠이 깬 그는 혹시 그게 벤젠의 분자구조가 아닌가 하여 탄소원자 6개와 수소원자 6개를 가지고 벤젠의 분자구조 가설을 세웠나. 그리고 그 가설은 나중에 사실로 판명되었다.

이런 우연은 어떻게 해석해야 할까?

과학자들은 이를 우뇌의 작용이라고 말한다. 시험시간에 풀지 못했던 문제의 답이 교실 문을 나오는 순간 떠오른 경우가 더러

위대한 우연은
위대한 노력으로
만들어진다

있을 것이다. 그것이 바로 우뇌의 작용이다.

이러한 것들을 보면 우뇌만 발달하면 많은 문제를 해결할 수 있을 것 같다. 하지만 그렇지는 않다. 우뇌가 작동하기 위해서는 좌뇌를 완전히 고갈시켜야 한다. 옛날 사람들은 좌뇌를 사용하는 학교공부를 하지 않았기 때문에 우뇌가 유난히 발달하였다. 그래서 옛 어른들은 영감이나 예지 같은 것이 뛰어났던 것이다. 그러나 요즘의 사람들은 학교공부를 통해 좌뇌만 발달시키기 때문에 우뇌의 기능은 상대적으로 위축되어 있다.

현실세계의 문제를 논하자면 어떤 문제가 주어지면 우선 발달한 좌뇌를 이용하여 그 해결 방법을 찾아야 한다. 그래서 풀리면 다행이고, 최선을 다해도 풀리지 않을 때는 문제를 던져 버리고 우뇌의 기능에 맡긴다. 풀고 풀어도 풀리지 않는 수학문제가 있으면 산책이라도 가라는 것이다. 산책을 가려고 운동화를 신는 순간 해답이 떠오르게 하는 것이 우뇌의 기능이다.

 공부 이론 3_마의 벽을 깨뜨린 자기암시

소문난 수재들은 모두가 소망이 있었던 사람들이다. 아무리 수재라도 꿈과 소망이 없으면 중도에 공부에 대한 회의를 느끼게 된다고 한다. 민사고 조기졸업에 토익TOEIC 만점의 신화를 쓰며 명문 프린스턴 대학에 입학한 심현석 군, 그는 큰 꿈과 이루고 싶은 간절한 소망이 있었기에 공부에 열중할 수 있었다고 회고한다.

“사람의 일은 결심한 대로 이루어지는 게 아니라 생각하는 대로 이루어진다.”

심리학자들의 말이다. 20년 후의 나를 그려보라. 자신이 진정으로 이루고 싶은 것을 꿈꾸고 10년 후, 20년 후 성공한 자신의 모습을 그려보면서 끊임없이 자기암시를 하자.

“나는 할 수 있다!”

그런 강력한 자기암시는 강력한 동기부여로 이어진다. 사람의 뇌는 의식－무의식－잠재의식으로 이루어져 있는데, 그 중에서 의식이 차지하는 비중은 10% 정도이다. 나머지는 무의식과 잠재의식의 영역이다. 자기암시를 한다는 것은 뇌의 90%를 차지하는 거대한 무의식과 잠재의식 속에 명령을 저장하는 것이다.

‘공부를 해야지!’ 하는 의지나 결심보다는 무의식과 잠재의식 속에서 늘 성공한 자신의 모습을 그리고, 공부에 대한 긍정적인 생각을 심으라는 것이다. 그러면 그 모습이 무의식과 잠재의식에 각인되어 위력을 발휘할 것이다. 상상해보자. 10년 후, 20년 후에 성공한 나의 모습을 그려보는 것만으로도 힘이 솟을 것이다.

“희망은 말하는 대로 이루어진다.”

빌 게이츠의 말이다. 그는 소중한 꿈이 있으면 혼자서 생각만 하지 말고 소리 내어 말하고, 글로도 적어보고 만 천하에 희망을 선포하라고 권한다. 빌 게이츠는 아침에 일어나면 두 가지 말을 반복했다고 한다.

“오늘은 왠지 나에게 큰 행운이 있을 것 같다.”

"나는 할 수 있다."

그것이 무의식과 잠재의식에 각인되면 무서우리만치 위력을 발휘할 수 있다는 것이다.

큰 꿈을 가지면 공부에 임하는 마음의 자세가 달라진다. 자기암시를 통한 동기부여가 되기 때문이다. 그러나 10년, 20년 후에 이루어질 목표는 차곡차곡 쌓아가는 재미가 없다. 그래서 짧은 시간 내에 결과를 확인할 수 있는 단계별 작은 목표를 가지라고 전문가들은 권한다. 작은 목표를 세우면 노력하는 재미도 있고 목표를 이룩했을 때의 성취감도 함께 맛볼 수 있다.

농구선수 마이클 조던은 미국 최고의 선수가 되겠다는 목표를 설정하고서 그것을 다시 올해의 목표, 분기별 목표, 한 달의 목표로 나누어 목표별로 구체적인 실천 원칙을 정했다. 이렇게 말이다.

'이번 달에는 하루 800개씩 슈팅 연습을 한다!'

단기 목표는 '800개의 슈팅'처럼 아주 구체적으로 설정해야 한다. 그리고 처음 단계에서는 노력으로 이룰 수 있는 현실적인 '작은 목표'를 설정해야 한다. 일단 첫 번째 목표가 달성되어야 자신감이 생긴다. 첫 목표가 실패하면 전체적인 밑그림 자체가 흔들리게 된다. 한 단계, 한 단계 성취의 즐거움을 별도로 얻을 수 있어야 그것이 다시 큰 목표 도전의 동기부여가 된다.

자기실현적 예언을 가지면 때로 인간의 한계를 뛰어넘는 위력을 발휘할 수 있다고 한다. 마치 신의 계시를 받은 것처럼 확신을 가지면 어떤 일도 이룰 수 있다는 의미이다.

자기실현적 예언으로 마의 벽을 넘은 스포츠 사례를 보자.

육상에서 오랫동안 마의 벽으로 여겨져 왔던 기록은 1마일1609m 4분이었다. 인간은 영원히 1마일의 4분을 돌파하지 못할 것이라 생각했다. 1마일의 4분은 400미터 운동장 4바퀴를 1분에 한 바퀴씩 돌아야 하는 꼴로 인간 능력의 극한인 셈이었다. 전문가들도 인간으로서는 영원히 4분벽을 깰 수 없을 거라고 단언했다. 만약 4분 이내로 달렸다가는 폐나 심장이 파열될 것이라는 주장도 제기되었다.

하지만 1954년, 영국의 로저 베니스터라는 젊은이가 마의 4분벽을 깨뜨렸다. 더욱 놀라운 것은 그가 육상선수가 아닌 의학도였다는 것이다. 옥스포드 의과대학에 다니던 그는 전문가들이 불가능하다고 말했던 마의 4분벽이 의학적으로는 가능할 것이라 믿었고, 그것을 증명하고 싶어서 도전했다. 그의 1마일 기록은 정확히 3분 59초 4였다.

그 이후의 이야기가 더 재미있다. 로저 베니스터가 마의 4분벽을 깨뜨리고 나자 갑자기 사방에서 4분벽을 돌파하는 선수들이 나타나기 시작한 것이다. 로저 베니스터가 기록을 깨뜨린 지 한 달 만에 무려 10명이 마의 4분벽을 깨뜨렸다. 그리고 다시 1년이 지나자 37명, 2년이 지나자 무려 300명의 선수들이 마의 4분벽을 깨뜨렸다.

이 신기루 같은 현상을 어떻게 설명할 수 있을까?

이것은 자기실현적 예언의 힘이다. 마의 벽이 무너지기 전에 사람들은 자신이 4분벽을 넘지 못하는 것을 '당연시' 했다. 그 기록

은 인간으로서는 깰 수 없다는 마음의 벽이 가로막았기에 깨지 못
했던 것이다. 그러다가 그 기록이 깨지고 나자 '그렇다면 나도 할
수 있다!' 라고 생각을 바꾸어 줄줄이 기록을 깨뜨릴 수 있었던 것
이다.

결국 그 4분벽은 인간 한계의 벽이 아니라, 할 수 없다는 마음의
벽이었던 셈이다. 마음의 벽을 넘어서는 자기실현적 예언을 하나
쯤 가져보자.

간절한 소망은 산도 움직인다. 절실한 소망 역시 강한 동기부여
가 된다. 큰 성공을 이룬 사람들 거의 대부분이 간절한 소망을 품
은 사람들이었다. 여기서는 좀 특별한 사례 하나를 보자.

2005년 가을, 성남 아트센터 개관기념 콘서트에 KBS 교향악단이
구스타프 말러의 교향곡 2번 '부활' 을 연주했다. 이 악단을 지휘한
사람은 63세인 초로의 신사 길버트 카플란이었다. 고전음악을 좋아
하는 사람들은 지휘자 길버트 카플란을 익히 알고 있을 것이다. 음
악 애호가들 중에도 말러의 '부활' 만은 카플란의 지휘로 들어야 제
맛이 난다고 말하는 사람들이 대부분이다. 아마도 구스타프 말러의
'부활' 만큼은 카플란의 해석이 세계적으로 탁월하지 않은가 싶다.

이야기는 1965년으로 거슬러 올라간다. 뉴욕의 카네기홀, 23세
의 젊은 청년 길버트 카플란도 관람석에 앉아 연주를 기다리고 있
었다. 이윽고 레오폴드 스토코프스키가 지휘하는 구스타프 말러
의 '부활' 이 아메리칸 심포니 오케스트라의 연주로 흐르기 시작
했다. 청중들은 모두 숨을 죽이고 있었다. 젊은 청년 카플란에게

'부활'은 처음 듣는 곡이었다. 그러나 그는 그 음악에 큰 충격을 받았다. 후일 그때의 충격을 그는 "마치 번개가 내 몸을 관통하는 것 같았다."고 회고했다.

그날로 청년은 간절한 소망 하나를 품었다. 그것은 죽기 전에 말러의 '부활'을 자신이 직접 지휘해보는 것이었다. 그러자 주위에서 웃음이 터져 나왔다. 그도 그럴 것이 그는 음악과는 아무런 관련이 없는 경영학도였기 때문이다. 그에게 음악이라고는 유치원 시절에 피아노 학원에서 동요 정도를 배운 것이 전부였다.

경영 대학원을 졸업한 그는 월가로 진출하였고, 그 경험을 바탕으로 금융잡지 인스티튜셔널 인베스터를 창간하여 대대적인 성공을 거두었다. 그 잡지는 지금도 전 세계적으로 10만 부 이상 팔리고 있으며, 월가의 금융인이라면 누구나 읽어야 할 영향력 있는 잡지이다.

사업이 어느 정도 궤도에 오르자 그는 청년 시절의 초심으로 돌아갔다. 마흔을 바라보는 나이에 용기를 내어 본격적으로 음악공부를 시작한 것이다. 목적은 단 하나, 말러의 '부활'을 직접 지휘해보기 위해서였다. 바쁜 사업일정 속에서도 그는 하루 5시간씩 음악공부에 매진했다. 악보 읽는 법, 화성학, 대위법을 하나씩 익혀 갔다. 그래도 힘든 줄을 몰랐다. 그것은 너무나 간절한 소망이었기 때문이다.

1983년, 말러의 '부활'을 처음 들은 지 18년이 지났을 때, 그는 마침내 카네기홀 무대에 올라 아메리칸 심포니가 연주하는 '부활'을 지휘했다. 그가 처음 '부활'을 들었던 바로 그 장소, 그 오케스트라였다.

그의 지휘는 사람들의 예상을 깨고 성황리에 끝났다. 그로서는 일생일대의 소원을 이루는 순간이었다. 그러나 그것으로 끝나지 않았다. 그의 지휘가 성공적으로 끝나자 전 세계에서 지휘 요청이 쏟아진 것이다. 그리하여 이번에는 세계를 돌면서 런던 심포니, 로스엔젤리스 필, 뉴 제팬 필, 스칼라 필, 바이에른 국립가극장, 베를린 도이치 오퍼, 키로스 오페라를 지휘했으며, 1996년에는 잘츠부르크 음악제 개막연주에서 생전의 말러가 지휘하던 필하모니를 지휘하기에 이르렀다.

성남 문화센터 개관식에서 그가 '부활'을 지휘한 것도 그런 맥락에서였다. 2005년 내한 공연이 끝났을 때 그는 말했다.

"소중한 꿈은 꼭 이루어진다는 것을 보여주고 싶었습니다."

 공부 이론 4_셀프 티칭(Self-Teaching) 기법

끊임없이 자신과 대화를 나눠라. 공부는 혼자서 하는 것이기 때문에 자칫 매너리즘에 빠지기 쉽다. 자신과의 대화를 통해 스스로에게 묻고, 스스로 답을 찾아가는 과정에서 공부의 즐거움을 발견하게 된다. 자신에게 묻고 답하는 과정이 곧 공부가 된다.

얼마 전 일본에서 발간된 만화책 한 권이 화제가 되었다. 이 책은 평균 이하의 학생들을 일본 최고 명문인 도쿄 대학에 진학시킨

학습법을 소개한 것으로 무려 180만 권이 팔린《드래곤 사쿠라 ^{한국}판: 꼴찌, 동경대 가다!》라는 제목의 만화책이었다. 거기에도 역시 탁구를 치듯이 자신에게 끊임없이 자문자답하라는 내용의 이야기가 나온다.

그냥 막연히 책을 읽는 것보다 무얼까? 왜일까? 결론은 어떻게 전개될까? 등의 질문을 스스로 하면서 공부를 하면 훨씬 더 효과가 크다.

셀프 티칭 기법은 자신과의 대화법과 비슷한 방법이나 이를 좀 더 적극적으로 활용하는 학습 방법이다. 우선 머릿속에 '현실의 나'와 '가상의 나'를 그린다 이때 '현실의 나'와 '가상의 나'는 서로 다른 두 사람이다. 그리고서 공부하는 과정 자체를 두 사람의 대화로 풀어가는 방법이다. 이런 방식을 셀프 티칭 Self-Teaching 기법이라고 부른다.

아주 훌륭한 개인교사를 옆에 두고 도란도란 이야기하는 방식으로 공부를 한다고 이해하면 될 것이다. 자기와의 대화나 셀프 티칭 모두 자기주도 학습법에서는 특히 강조되는 기법들이다. 셀프 티칭의 가상적인 예를 보자.

self-teaching 기법의 사례

"$\frac{1}{2} + \frac{1}{3}$은 왜 $\frac{2}{5}$가 아니고 $\frac{5}{6}$가 되는 거지?"

"분수는 덧셈이 아니고 나눗셈의 개념이야. 맛있는 사과를 둘이서 나누면 $\frac{1}{2}$이 되고, 셋이서 나누면 $\frac{1}{3}$이 되는 거야. 사과를 하나는 둘이서 나누어 먹었고, 다음 하나는 셋이서 나누어 먹었다면 얼마나 먹은 게 될까?”

“음, 반쪽과 세 쪽 중의 하나를 합친다. 어려운데?”

“어렵지? 그럼 사과 말고 한 봉지에 6개씩 든 사탕을 생각해봐. 둘이서 나누면 몇 개가 돌아오지?”

“3개!”

“그럼 셋이서 나누면?”

“2개!”

“그럼 둘을 합치면?”

“5개!”

“그래서 $\frac{5}{6}$ 가 되는 거야.”

“아하! 정말 신기하구나!”

얼마후 시험이 다가온다. 가상의 나와 도란도란 대화를 해보자.

“이번 수학시험은 어떻게 준비할까?”

“수학선생님은 쉬운 문제 같은 것도 꼭 함정을 하나씩 만드시거든. 네가 선생님이라면 단원별로 어떤 문제를 내겠니?”

“쉬우면서도 함정이 있는 문제라…….”

“그러지 말고 네가 선생님이 되었다 생각하고 예상문제를 50개만 만들어서 풀어봐!”

다음과 같은 대화도 가능할 것이다.

“지난주에 너무 열심히 공부한 것 같아. 잠시 머리를 식힐 방법이 없을까?”

“그래? 좀 쉬면서 팝송이나 몇 곡 들을까? 영어공부도 할 겸.”

고교를 자퇴한 후 혼자 공부해서 서울대 경영대학에 합격한 김지훈 군은 오로지 이런 방식으로 공부했다고 한다.

얼마 전 노벨상 수상자 한 명이 우리나라를 찾았다. 노벨 물리학상 수상자인 UC 버클리 대학의 조지 스무트 교수다. 교사들을 위한 강연에서 조지 스무트 교수는 학생들에게 '흥미'와 '호기심'을 불어넣을 줄 알아야 한다고 말했다. 그 방법을 묻자 스무트 교수는 닷새 전에 플랑크 망원경으로 촬영했다는 은하계 사진을 노트북에 띄워 보였다.

그는 학생들에게 은하계를 이론적으로 설명해봤자 골치만 아플 뿐이라고 지적했다. 그리고 이론 대신에 이처럼 사진을 보여주면서 여기가 우리가 살고 있는 은하계와 가장 유사한 은하계라고 설명해주면 학생들 머릿속에 많은 궁금증들이 떠오를 것이라고 말했다.

- 저기도 생명체가 살고 있을까?
- 살고 있다면 어떻게 생겨날까?
- 태양이 없는 은하계도 있을까?

이런 궁금증에 대해 하나씩 알아가는 것이 진정한 교육이라는 것이다. 이론은 그 다음이다. 호기심을 자극해주고, 재미있어 하고 궁금해 하는 것을 설명하다보면 이론은 자연히 터득하게 된다. 호기심을 자극시켜주는 것, 그것이 동기부여이다.

무얼까?
왜일까?
어떻게
전개될까?

말을 물가로 끌고 갈 수는 있으나 강제로 물을 먹일 수는 없다. 말로 하여금 스스로 물을 마시게 하는 가장 좋은 방법은 말이 갈증 나게 만드는 것이다. 갈증 난 말은 물가로 인도만 해주면 스스로 물을 마신다.

갈증? 그것은 곧 궁금증이다.

 ## 공부 이론 5_SQ3R 학습법

제2차 세계대전이 본격화되던 시점이었다. 전선은 나날이 확대되고 신규 병력수요가 폭증하자 미 육군 당국은 짧은 시간에 젊은이들을 훈련시켜 전장으로 내보내야 했다. 그러나 당시의 교육 시스템으로는 폭증하는 병력수요를 맞출 수가 없었다. 첨단 무기체제와 복잡한 현대전의 양상 때문에 필요한 교육기간이 점점 더 늘어났기 때문이다.

미 육군 당국은 오하이오 주립대학의 교육심리학자 프랜시스 로빈슨Francis P. Robinson 박사를 찾아가 이러한 요구에 부응하는 새로운 교육 시스템의 개발을 의뢰했다. 여기서 개발된 학습법이 SQ3R이라는 것으로 지금도 미 육군의 대표적인 학습법으로 자리하고 있다.

SQ3R은 Survey−Question−Read−Recite−Review의 이니셜을 딴 것으로 개관−질문−읽기−음미−복습의 과정을 거치는 5단계 학습법이다. 이 학습법의 핵심은 '질문'에 있다.

학습에 들어가기 전에 전체적인 내용이 무엇인지 한번 쭉 훑어보면서 내용을 '추측'해보는 단계이다. 목차, 큰 제목, 작은 제목, 도표, 삽화 등을 살피면서 몇 분 동안 어떤 내용인지 가볍게 추측해본다. 이는 학습목표 확인 및 학습동기 유발의 단계이다. 여기서 빠뜨리지 말아야 할 부분은 서론과 결론 부분이다. 개략적이기는 하지만 서론과 결론은 꼭 읽어야 한다. 그래야 글쓴이의 의도를 파악하고 내용을 추측할 수 있다.

이 단계는 우리가 서점에서 책을 고를 때의 방식과 비슷하다. 서점에서 책을 고를 때를 상상해보자. 의자도 없는 서점에서 책을 고를 때는 대부분 제목이나 저자 등을 보고 책을 든 다음 길어야 5~10여 분 정도 책장을 듬성듬성 넘기면서 이 책은 어떤 내용일까, 내가 찾는 내용과 어느 정도 일치할까 생각을 한다. 그러다가 아주 관심이 가는 대목이 나오면 한두 페이지 정도 읽어 볼 수도 있을 것이다.

이 과정은 본격적으로 책을 읽는 단계가 아니므로 가벼운 마음으로 듬성듬성 부담 없이 읽어보는 과정이다. 이해가 되지 않는 부분이 나와도 여기에 매달리지 말고 의문부호만 찍고 넘어가야 한다. 핵심적이라고 여겨지는 어휘나 모르는 단어, 새로운 개념에는 밑줄을 그어보자. 그러는 동안 책의 내용을 추측할 수 있다.

민사고 출신으로 전국 10위권 성적으로 연세대 의대에 진학한 수재 신재승 군의 공부 방법도 이와 유사하다. 대부분의 학생들은 책이나 참고서를 구입하면 수업 진도에 맞추어 공부를 하지만 그는 책을 구입하면 우선 제목과 목차를 유심히 살폈다. 그리고 나서 어떤 내용이 담겼을까를 생각해본다. 이와 같은 방법은 아무것도 아닌 것 같지만 전체 맥락을 잡는데 큰 도움이 되는 것은 물론 예습 이상의 효과가 있다.

질문 단계는 앞서의 개관과 거의 동시에 진행된다. 책을 쭉 훑어보면서 얼핏 얼핏 떠오르는 대로 의문부호를 찍어보라는 의미이다. 제목이나 소제목, 저자가 강조하고 있는 어휘를 질문 형식으로 뒤집어 보는 것도 좋은 방법이다.

예를 들면 다음과 같은 질문들이다.

- 본문의 가장 핵심적인 내용은 무엇인가?
- 저자는 사실을 말하는가 자신의 의견을 말하는가?
- 이야기 뒤에 전제는 무엇인가?
- 본문은 어떤 사람이 가장 유의해야 할 내용인가?
- 이 장의 내용은 어떤 질문을 던졌을 때의 해답으로 적합할까?
- 이 장의 내용을 한 마디로 요약한다면 무엇일까?
- 저자를 만난다면 무슨 질문을 할까?

시험을 볼 때도 이 방법을 응용하면 아주 유용하다. 국어, 영어, 사회, 논술 부문의 시험은 지문이 먼저 실리고 지문을 읽고 나서 주어진 질문에 답하는 형식이 대부분이다. 이 경우 고지식하게 지문 읽고, 문제 읽고, 다시 지문으로 돌아가지 말고 지문에서는 얼핏 눈에 들어오는 단어 몇 개만 보고 문제를 읽는다. 문제에서 원하는 것이 무엇인지 확인한 다음에 지문을 꼼꼼히 읽으면 지문을 읽는 속도도 훨씬 빨라지고 지문의 내용도 한눈에 들어오게 된다.

프랜시스 로빈슨 박사는 질문 단계가 SQ3R 학습법의 핵심이며, 스스로에게 다양한 질문을 던져보는 것은 동기유발과 집중력, 기억력 증진에 탁월한 효과가 있다고 강조한다.

이 방법을 응용하여 경제학을 공부해보자. 경제학 책이라면 노동가치설, 한계효용, 수요곡선, 공급곡선, 가격의 형성, 유효수요 등 여러 단원으로 구성되어 있을 것이다. 이것을 고지식하게 순서대로 읽지 말고 제목만 본 상태에 이런 저런 질문을 던지면서 내용을 상상해보자.

예를 들면 다음과 같은 질문을 할 수 있을 것이다.

- 각 학설의 역사적 배경은 무엇인가?
- 노동가치설은 얼핏 칼 마르크스의 주장인 것처럼 생각했는데, 애덤 스미스와 리카르도가 먼저인가?
- 애덤 스미스, 리카르도와 마르크스의 노동가치설은 어떤 차이가 있나?
- 수요곡선과 공급곡선은 왜 필연적으로 만나게 되는 것인가?
- 가격이 올라가도 공급이 늘지 않는 분야는 어느 분야인가?

이렇게 다양한 질문을 가진 다음, 관심이 가는 단원부터 읽으면 머리에 쏙쏙 들어오게 된다.

예를 들면 노동가치설은 원래는 애덤 스미스와 리카르도에 의해 도입된 개념이었지만 후일 동일한 용어를 마르크스가 사용하기 시작하면서 고전학파 경제학은 큰 위기를 맞는다. 대체 이들의 노동가치설은 어떤 차이가 있는 것일까? 일단 질문을 갖고 교재를 읽으면 내용이 머리에 쏙쏙 들어오게 된다.

이제 본격적으로 책을 읽는 단계이다. 이 단계는 자신이 앞서 제기했던 의문들에 대한 해답을 찾는 과정으로 보면 된다. 단순히 텍스트를 의무적으로 읽을 때와 자신이 제기했던 의문에 대한 답을 찾는 과정으로 읽을 때와는 큰 차이가 있다.

실제로 텍스트를 읽거나 수업을 들으면서 교과 내용이 자신이 생각했던 것과 일치한다면 그것은 확실하게 나의 지식이 된다. 틀릴 경우에도 내가 생각했던 답과 정답을 비교해보는 동안에 그 내용이 나의 지식이 된다.

다음은 본문을 읽고 나서 핵심적인 구절이나 단원별 요약 내용을 스스로에게 자문해보고 자답을 하거나 메모하는 단계이다. 이 단계에서는 본문에 나오는 어휘를 사용하지 말고 자신의 어휘를 구사하여 자문자답을 해야 한다고 로빈슨 박사는 강조한다. 그래야 나의 지식이 된다는 것이다.

• 내가 추측했던 내용과 얼마나 일치하는가?

• 텍스트의 내용은 사실을 말하는가, 글쓴이의 생각을 말하는가?

앞서의 2~4 단계를 한두 번 정도 더 반복하면 전체 내용과 중요한 개념, 어휘를 머릿속에 정리할 수 있다.

이 단계는 실제로 복습을 해도 좋지만 아니라면 플래시 카드flash card나 메모를 이용해도 좋다. 플래시 카드란 카드 전면에는 중요한 개념이나 문제를 적고 뒷면에 문제풀이를 적어두는 카드를 말한다. 주로 영어단어 공부에 많이 사용되는 방식이다. 이렇게 작성된 플래시 카드나 메모를 하루 몇 분 정도씩 쭉 훑어보는 것만으로도 훌륭한 복습이 이루어질 수 있다.

SQ3R 방법으로 학습을 하면 교재를 두어 번씩 꼼꼼히 읽는 것보다 훨씬 더 효과가 있다. 스스로에게 질문을 던져보고, 내용을 상상해보는 것만으로도 호기심을 유발하기 때문이다. 이 방법은 혼자서 책을 읽을 때의 경우를 상정한 것이지만 학교에서 수업을 할 때엔 '읽기'를 '수업'으로 바꾸어 생각하면 무난할 것이다.

가장 중요한 단계는 질문이다. 교재를 읽기 전에 다양한 실문을 염두에 두면 공부가 훨씬 더 즐거워진다.

 ## 공부 이론 6_마인드 맵(Mind Map) 기법

마인드 맵이란 한 장의 도표 위에 생각을 그림의 형태로 나타내는 창의적 사고 훈련이다. 창의적 사고뿐 아니라 시각적 효과가 뛰어나 기억력에도 큰 효과가 있는 것으로 평가되고 있다. 학습이 아니라도 좋다. 프레젠테이션 내용을 마인드 맵으로 만들어도 좋고, 한 주 동안의 일과표를 이런 방식으로 그려도 좋다.

마인드 맵의 창시자인 영국의 토니 부잔은 대학 시절 자신의 연구 분량이 점점 많아짐에 따라 효과적으로 두뇌를 사용하는 방법에 대해 고민했다. 그는 도서관에 가서 뇌에 관한 책을 찾아봤지만 의학 서적밖에 없었다. 그의 고민은 이러했다.

- 배우는 방법을 배울 방법은 없을까?
- 사고의 본질은 무엇인가?
- 기억에 가장 도움이 되는 학습 기법은?
- 독서에 가장 도움이 되는 방법은?
- 창조적 사고에 가장 효과적인 학습 방법은?
- 새로운 사고 기법 개발과 그 가능성은?

이런 숙제를 해결하기 위해 직접 개발한 방식이 마인드 맵이었다. 마인드 맵은 그리는 방법만 익숙해지면 공부에 아주 유용하게 쓸 수 있다. 2006년에 수능 최상위권을 차지했던 한 여학생은 암기과목의 경우 머릿속에 마인드 맵을 그리면서 공부를 했다고 말하고 있다. 마인드 맵 창시자인 토니 부잔은 익숙해질 때까지 100장 정도의 마인드 맵을 그려보라고 권한다.

마인드 맵은 특정주제와 그 관련된 것들을 한 장의 종이에다 그려 넣는 방식이다. 중앙에 핵심이 되는 주제를 써넣고, 사방으로 가지를 뻗으면서 주제와 관련되는 내용을 적는다.

소설 쓰는 작가를 상정해보자. 소설을 쓰는 작가라면 마인드 맵이 꼭 필요하다. 실제로 대부분의 작가들은 주인공들의 마인드 맵을 그려놓고 글을 쓴다. 단편은 몰라도 장편을 쓸 때 이런 그림이 없으면 등장인물이 헷갈려서 글을 쓸 수가 없게 된다. 꼭 마인드 맵 같은 형태가 아니더라도 작가는 소설에 등장하는 사람들의 이름과 나이, 직업, 고향, 자라온 환경 등 소설 속에서의 역할에 따라 필요한 사항들을 적은 종이를 벽에 붙여 놓고서 작업을 한다.

종이 중앙에 소설의 제목이나 주제를 쓰고, 주요 주인공들을 상하, 좌우 귀퉁이에 A, B, C, D 하는 식으로 쓴다. 그리고 작은 글씨로 이들의 특성을 적어 넣는다.

예를 들면 A는 남자, 45세, 회사원, 말수가 적다. B는 여자, 42세, A의 부인, 가정주부, 두 아이의 엄마이다. 그리고 C와 D는 이혼한 사이이다. 이런 식으로 기재하면 된다. 그 다음에는 주인공 A, B, C, D의 주변 인물들을 적어 나간다. A', A'', A''' 하는 식이다. 그리고 마지막으로는 이들의 관계나 역할을 적어 넣는다. 작가는 이 마인드 맵을 보며 주인공들이 각자의 역할을 가지고 영화처럼 이야기를 전개하는 모습을 상상한다. 이것이 마인드 맵이다.

회사원이 한 주 동안에 해야 할 일을 한 장의 종이 위에 그림으로 나타낸다고 가정해보자. 백지를 가로로 펼친다. 백지 중앙에 '주간일정'이라고 굵은 글씨로 적는다.

이런 내용들을 중요도에 따라 주간일정과 중요도에 따라 선과 그림으로 연결시킨다. 또 서로 관련 있는 항목끼리 작은 선이나 그림으로 연결시키고 참고사항을 작은 글씨로 적어 넣는다. 그림이나 선의 굵기는 중요도와 비례해서 그린다. 주제별로 색깔을 사용하면 시각적인 효과를 높일 수 있다. 중앙에서 멀어질수록 그림과 글자를 작게 만든다.

이번에는 식물의 분류도표를 마인드 맵 방식으로 한번 만들어보자. 우선 백지 한 장을 가로로 편다. 중앙에는 '식물분류'라는 제목을 크게 적어 넣는다. 그리고는 좌상, 좌하, 우상, 우하에 분류 기준을 적어 넣는다.

- 좌상 : 영양획득 방법에 따라
- 좌하 : 기관의 분화에 따라
- 우상 : 동화색소의 종류에 따라
- 우하 : 꽃의 유무에 따라
- 중앙상단 : 관다발의 유무에 따라
- 중앙하단 : 씨방 유무에 따라

중앙주제에서 이들을 나뭇가지처럼 연결한다. 다시 큰 가지에서 곁가지를 그려 넣는다. 꽃의 유무에 따른 분류라면 조금 가는 곁가지 2개를, 꽃이 있는 현화식물-종자식물류에는 장미, 국화, 은행나무 등을 적어 넣는다. 다음 곁가지에는 꽃이 없는 초자식물-양치류-조류로 고사리, 이끼, 미역 등을 적어 넣는다. 이것이 모두 완성되면 상호 관련이 있는 것들끼리 선을 그어 연결하고 필요한 설명을 적어 넣는 방식이다.

마인드 맵의 장점

- 전체를 한 장의 도표로 일목요연하게 볼 수 있다.
- 노트 기법보다 시간과 공간을 훨씬 절약할 수 있다.
- 기억에 용이하기 때문에 훌륭한 복습 수단이 된다.
- 상상력 발휘에 도움이 된다.
- 큰 틀에서 전체를 보는 안목을 기를 수 있다.

# 공부 이론 7_크레이지 & 민사고식 영어 학습법

Crazy English, 일명 미친 영어다. 'Crazy English' 란 간판을 내걸고 일약 국제적인 스타가 된 중국인이 있다. 그는 바로 리양이다. 리양은 고교 시절에도 대학 시절에도 열등생이었다.

'대학을 졸업하고 사회에 나가면 무슨 일이라도 해야 할 텐데, 어떻게 하나……'

그렇게 고민하다가 도전한 분야가 '영어' 였다. 영어만 유창하게 하면 중국에서는 먹고 살 방법이 있을 것 같아서였다. 다른 과목은 몰라도 영어는 '말' 인데, 미국, 영국의 어린 아이들도 하는 말을 나라고 못하란 법이 있느냐며 도전장을 던진 것이다.

그가 선택한 방법은 아무도 없는 외진 곳을 찾아다니며 미친 듯이 큰 소리로 영어책을 읽는 것이었다. 만일 누가 보기라도 했다면 그를 완전히 미친 사람으로 생각했을 것이다. 그렇게 시작하여 처음 4개월 동안 교과서와 10권의 소설책을 읽었다. 그런 다음 학교 시험에서 전교 2등을 했다. 자신감이 생긴 그는 미친 영어에 좀 더 몰두했다.

이런 방식으로 영어를 공부한 그는 마침내 영어방송 아나운서, 국제회의 통역사가 되었다. 여기서 그치지 않고 그는 자신의 공부 방법을 'Crazy English' 로 명명하고 세계를 무대로 발걸음을 옮겨 영어 전도사가 되었다.

그는 스타디움에 수만 명을 모아 놓고 '미친 영어' 를 강의하는 것으로 유명해졌다. 그의 강의는 중국에서도 가장 비싼 강의료를 내야만 들을 수 있다. 그의 영어 학습법이 미국 타임지에 소개되는가 하면 일본의 어느 TV에서는 그의 공부 방법을 다큐멘터리로 제작할 정도로 유명해졌다. 그는 그만의 학습법으로 돈과 명예를 한꺼번에 거머쥔 것이다.

그는 미친 영어의 핵심은 '소리 내어 읽는 것'이라고 단언한다. 소리를 내어 읽으면 우선 자신감이 붙는다. 일단 자신감이 붙으면 다음은 시간이 문제일 뿐, 영어는 결국 정복된다는 것이다.

그는 소리를 내어 읽으면서 동원할 수 있는 모든 감각을 동원하라고 강조한다. 입, 혀, 목구멍, 호흡을 총동원하여 읽고, 영어책을 읽으면서 그 내용을 시각적으로 상상한다. 이때에는 영어로만 생각하고 읽어야지 모국어한국어로 내용을 연상하면 안 된다. 몰랐던 내용도 읽고 또 읽으면 글의 내용이 훤하게 떠오르게 된다는 것이다.

시각이 떠오르면 이번에는 무대에 선 배우처럼 감정을 넣어가면서 읽는다. 길을 걸을 때나 전철을 탈 때는 이어폰으로 영어방송을 들으며 혼자서 중얼중얼 따라하라. 다른 사람들이 미쳤다고 하든 말든 그렇게 하는 것이다. 그는 그런 방식으로 매일 연습했다.

그런 방식을 따른다 해도 절대적인 시간은 필요했다. 영어가 외국어인 이상 최소한 아이들이 말을 배우는 정도의 시간은 투자해야 한다는 것이다. 그는 그렇게 3년 동안 미친 듯이 공부했더니 마침내 귀가 열리고 입이 열렸다고 하였다.

미국 일류대학의 유학생을 가장 많이 배출하는 민사고, 그곳 학생들은 어떻게 영어를 공부할까?

그들은 우선 닥치는 대로 많이 읽는다. 영자신문이든 과자봉지의 광고문이든 무엇이든 닥치는 대로 읽는다. 교과서만으로는 죽은 영어만 공부하게 된다는 것이다. 또한 살아있는 영어를 배우기 위해서는 영화를 많이 보라고 한다. 외국 영화의 포스터도 훌륭한 교재이다. 광고 포스터의 표현들은 함축된 의미를 가진 살아있는 영어라는 것이다.

영어로 된 만화나 영화를 많이 보는 것도 좋은 방법이다. 그러나 내용을 모르면서 막연히 듣는 것은 별로 좋지 않은 습관이라고 한다. 이해하기 쉬운 영화를 골라 자막 없이 보되, 가능하면 대본을 한 번 살펴보아 줄거리 정도는 알고 보는 것이 좋다. 휴식을 취하고 싶을 때는 CNN이나 팝송을 듣는 것도 방법이다.

영어소설을 읽는 것도 중요한 공부 방법이다. 소설을 읽을 정도의 독해 실력이 없으면 유학을 가서 적응하기가 아주 어렵다고 한다. 그래서 민사고 학생들은 독해 능력을 기르기 위해 거의가 영어소설을 읽는다.

충청도 시골에서 민사고를 진학했고, 다시 민사고를 2년 만에 졸업하여 미국의 명문 10개 대학에 모두 합격한 신동 박원희 양의 이야기이다. 그 정도면 공신이라 불러도 무방할 것이다. 박원희 양의 영어공부 방법을 들어보자.

그녀는 중학교까지만 해도 영어만큼은 자신이 있었다고 한다. 그러나 막상 민사고에 진학해보니 조기유학을 다녀왔거나 외국에서 살다 온 학생들이 부지기수여서 자신의 영어로는 계란으로 바위 치는 격이었다고 한다. 드디어 그녀는 민사고의 '꼴찌 3인방'이 되었다.

여기서 오기가 생긴 원희 양은 소설 읽기에 승부를 걸기로 했다. 처음에는 유학파들이 이틀이면 읽는 소설을 한 권 읽는데 꼬박 2주일이 걸렸다. 그래서 다시 생각한 방법이 하루에 일정시간을 무조건 영어에 투자하는 것이었다. 그녀가 정한 시간은 밤 10시부터 12시까지였다.

그 결과 한 시간에 10페이지 정도를 읽던 읽기 속도가 3개월 후에는 15페이지, 6개월 후에는 20페이지로 늘어났다. 다시 일 년 정도가 지나자 문장이 난해한 소설도 30페이지, 나중에는 50페이지로 향상되었다. 이것으로 영어공부 끝!

이번에도 박원희 양의 이야기이다. 공부의 비법을 묻는 사람들에게 원희 양은 '공부의 방법'은 없다고 하면서도 자신만의 비법을 털어놓았다. 그녀가 알려준 것은 '나만의 노트정리'였다.

수업시간에는 교사의 설명이나 칠판의 내용을 일단 연습노트에 필기했다. 그런 다음 쉬는 시간이나 점심시간을 이용하여 다시 정식노트에 기록하였다. 이렇게 재필기를 하면서 자연스럽게 복습이 되었다. 그러나 이것으로 끝나지 않았다. 집에 와서는 참고서나 문제집을 보면서 노트한 내용과 관련된 새로운 내용을 정식노트에 첨가하는 방식으로 완벽한 '나만의 노트'를 만들었다.

여기서도 모자라 그녀는 모르는 내용이나 의문사항을 별도로 정리했다. 이렇게 정리된 의문사항은 시간이 지나면 저절로 이해가 되기도 했고, 그래도 풀리지 않을 때는 선생님의 도움을 받았다. 이런 과정을 통해 그녀는 자연스럽게 내용을 익힐 수 있었다.

 ## 공부 이론 8_토론식 학습법

미국 명문대학에 다니는 학생들 중 중도 탈락률이 가장 높은 나라로 한국이 지목되고 있다. 콜롬비아 대학의 한 논문에 의하면 1985~1997년에 미국 명문대학에 유학한 한국 학생의 수는 1,400명이었으며 이들 중 44%인 616명이 중도에 탈락했다고 밝히고 있다. 참고로 같은 기간 동안 다른 나라 유학생들의 탈락률을 보면 중국이 25%, 인도가 21.5%로 한국을 뒤따르고 있다. 탈락률이 가장 낮은 나라는 이스라엘로 12.5%였다.

논문은 이어서 한국 학생들이 미국 대학 교육에 적응하지 못하는 것은 주입식 교육에 익숙해져 있기 때문이라고 지적하고 있다. 같은 주입식 교육을 받고 있는 일본 유학생들의 탈락률이 잡히지 않아 조금 아쉽지만 우리의 교육방식이 창의적인 교육, 토론식 교육에 적합하지 않는 것만은 확실해 보인다.

주입식 교육은 왜 지양되어야 하는가?

주입식 교육의 유효기간은 산업사회까지이다. 산업사회에서 원천기술이 거의 없었던 우리나라로서는 선진국에서 개발된 기술을 일방적으로 따라잡는 방법밖에 없었다. 그 기간 동안은 주입식 교육도 어느 정도 유용했다. 그러나 21세기에 접어들면서 주입식 교육은 쓸모가 없어졌다. 소프트웨어와 네트워크가 지배하는 사회에서는 모방이 불가능하기 때문이다.

예를 들면 산업사회에서는 미국, 일본에서 만든 가전, 전기, 전자제품을 모방해서 낮은 가격으로 팔면 먹고살 수 있었으나 이제는 마이크로 소프트에서 만든 윈도우즈를 모방하는 것은 아무런 의미가 없다. 일단 윈도우즈가 인터넷이라는 네트워크를 선점해버리고 나면 후발은 더 나은 소프트웨어를 개발해도 쓸모가 없어진다. 혼자서만 사용한다면 모를까 다른 사람과의 커뮤니케이션을 할 수 없기 때문이다. 이것이 네트워크사회의 승자독식이다.

이번에는 콘텐츠 시장을 보자.

미국의 월트 디즈니가 지난 1년 동안 미키마우스 캐릭터 하나로 올린 매출은 우리 돈으로 6조 원에 이르며, 영국의 작가 롤링이 쓴 해리포터 시리즈는 전 세계적으로 4억 권 이상이 팔렸다. 여기서 거두어들인 돈은 300조 원, 우리나라의 수출 효자 상품인 반도체를 10년 동안 수출한 돈인 230조 원보다 많다. 이제는 정신적 가치를 담은 문화상품과 상상력이 경쟁력이 되는 시대인 것이다. 창의력을 길러주지 못하는 주입식 교육은 이제 그만되어야 한다.

일본이나 우리나라 등 주입식 교육을 위주로 하는 나라에서는 학생들이 교사의 설명을 일방적으로 듣기만 한다. 동양에서는 질문을 스승의 가르침을 거스르는 것으로 여기는 유교적인 전통이 남아 있다. 이것도 질문을 방해하는 요인 중 하나이다.

하버드 대학원 경제학 교실에서 있었던 일이다. 1972년에 노벨 경제학상을 받은 케니스 애로 교수가 복잡한 수식과 도표를 그려 가면서 열강을 하고 있었다. 그때 대학원 학생 한 명이 손을 번쩍 들면서 질문을 했다.

"교수님, 그건 틀린 것 같은데요!"

교수가 당황하는 사이 종이 울려 수업이 끝났다. 이 문제는 결국 학생의 답이 맞고 교수의 답은 틀린 것으로 판명이 났다. 그 학생은 하버드 대학 총장을 거쳐 지금 오바마 행정부에서 경제담당 특별 보좌관을 맡고 있는 래리 서머스이다.

미국 학생들은 강의나 세미나 시간에 사전에 준비해온 자료를 가지고 수업에 임하며, 이해되지 않는 부분은 질문과 토론을 통해서 의문을 해소한다. 바로 학생이 학습의 주인으로 공부를 하는 것이다. 그에 비해 우리나라 학생들은 대부분 수동적으로 교사의 설명을 듣기만 한다. 여기서는 교사가 학습의 주인이다.

또한 미국식 수업에서는 학점의 10~30% 정도가 수업참가 점수로 할당이 되어 있어서 수업시간에 듣기만 하는 공부로는 한계가 있다. 예습을 하고, 소그룹으로 팀을 이루어 활발하게 토론에 참여하지 않으면 점수가 나오지 않는다.

우리나라에서는 대학을 졸업할 때까지 거의 글쓰기 훈련을 하지 않아도 무방하다. 그러나 미국 대학에서는 글쓰기 훈련을 하지 않고는 절대 졸업을 할 수 없다. 미국 대학 중에서도 명문대학이, 그 중에서도 하버드 대학이 글쓰기를 가장 중요시한다. 그들은 세계적인 리더의 제1조건은 글쓰기라고 말한다. 사회에서는 자신의 생각을 정교하게 말과 글로 나타낼 줄 아는 능력이 가장 중요하다고 보기 때문이다.

하버드 대학의 과제물은 거의가 글쓰기라고 보면 된다. 우리나라 유학생들의 경우, 영어실력이 부족한데다가 학교 시절에 글쓰기 훈련이 거의 되어 있지 않기 때문에 그런 과제물을 소화하다보면 복습위주의 학습은 기의 하지 못한다.

지적 호기심을
불타오르게 하는 고전

　동서를 막론하고 큰 업적을 이룬 사람들의 지적 호기심을 가장 불타오르게 만들었던 것은 고전이었다. 르네상스 시대를 열었던 인문학자 페트라르카는 동년배들이 《이솝우화》를 읽을 때 로마의 웅변가였으며 정치가였던 키케로의 《수사학》과 《의무론》에 빠져들었으며, 유럽의 명문 메디치가를 일으킨 로렌츠 데 메디치는 역사, 철학 등 고전에 깊이 빠져들었다. 특히 플라톤을 좋아해서 별도의 교사를 두고 공부를 했다고 한다.

　르네상스의 천재 레오나르도 다빈치 역시 철학 , 그 중에서도 플라톤과 아리스토텔레스의 저서를 깊이 읽었다고 고백하고 있다. 유년 시절 어눌한 소년이었던 뉴턴은 교사의 권유로 고전을 읽기 시작했는데, 그 중에서도 아리스토텔레스를 너무 좋아해서 대학에 들어가서는 고전을 필사까지 했다고 한다. 그는 필사가 고전을 읽는 좋은 방법 중 하나라고 말한다.

　아주 좋아하는 고전이 있으면 한 권쯤 필사를 해보는 것도 고전을 읽는 좋은 방법이 될 수 있을 것이다.

　시인 하이네는 10대 시절 외삼촌의 영향으로 플라톤, 데카르트, 네테스하임 등의 철학책을 열심히 읽었으며 그것이 그의 일생을 좌우했다고 한다.

　영국의 철학자, 경제학자, 정치학자였던 천재 스튜어트 밀은 동서양의 고전을 가장 많이 정독한 사람으로 유명하다.

　고전을 읽는 그의 방식도 특이했다. 그는 우선 저자에 관해 쓴 쉬운 책을 한 권 읽으라고 권한다. 그러고 나서 가능하면 고전을 소리 내어 읽는다. 이해가 되지 않는 부분은 어느 정도 이해가 될 때까지 몇 번이고 되풀이해서 읽는다. 그는 중요 문장은 필사를 하면서 통독하면 어려운 고전도 마스터할 수 있다고 하였다.

정치가였으며 기업가이기도 했던 벤자민 프랭클린은 플라톤, 아리스토텔레스 같은 고전은 기본이고 소크라테스의 《추상론》, 로크의 《인간 오성론》, 성서 등을 열심히 읽은 것으로 회고록에 적혀 있다. 월가 최고의 투자자인 존 템플턴 역시 고전 철학을 권하고 있다. 그는 인간의 사고 능력 향상에 가장 좋은 분야는 철학이라고 말한다.

분야를 막론하고 세계적인 명성을 쌓은 사람들 중에 역사와 철학을 멀리한 사람은 거의 없다. 예를 들면 양자역학의 창시자 중 한 사람인 어윈 슈뢰딩거는 그리스와 인도 철학을 깊이 섭렵한 인물로 널리 알려지고 있다.

미드 영어 학습법

요즘 젊은이들 사이에서는 '미드 영어 학습법'이 유행이라고 한다. 미드란 '미국 드라마'를 가리키는 약칭이다.

드라마라는 것은 사회와 문화 등 여러 가지가 뒤섞인 언어의 보물창고이다. 그래서 한 나라의 드라마를 완벽하게 이해할 정도의 실력이면 외국어공부는 끝이라는 것이다.

미드 공부법 하나, 자신의 관심 분야를 택한다. 그런 다음 그 분야의 드라마를 열 편 정도 한글 자막 없이 볼 수 있게 되면 영어공부는 거의 끝이다. 마땅한 분야가 없으면 인터넷 사이트에서 얼마든지 드라마를 찾아볼 수 있다. tv.com에 가면 드라마가 인기순위대로 올라와 있다. 이것을 이동식 하드 디스크에 복사하여 공부를 하면 된다.

둘, 한글자막은 지우고 영어자막으로만 드라마를 보고 듣는다. 이 역시 곰플레이어에 가면 영어자막을 구할 수 있다. 그리고 나중에는 영어자막도 지우고 배우들의 목소리로만 영어듣기를 한다. 아니면 전체적인 줄거리를 영어로 읽은 다음, 영어자막을 지우고 반복해서 학습한다. 내용의 절반도 이해하지 못한다면 몇 분 단위로 나누어 끊어서 보기를 해야 한다.

셋, 트랜스크립션transcription, 미드를 보면서 받아쓰기 연습을 한다. 영어로 들으면서 대충 의미를 알았다 해도 그것을 실제의 영문으로 옮기면 큰 차이가 난다. 시제, 전치사, 관사 등에서 전혀 다르게 들을 수도 있기 때문이다. 사실은 가장 힘들면서도 가장 효과적인 영어 학습법이 트랜스크립션이다.

　넷, 배우들의 연기를 흉내 내면서 발음을 배운다. 내가 영화의 주인공이 되어, 주인공이 처한 상황을 머릿속으로 그리면서 발음을 따라 하는 것이다.

　어떤 영어의 달인은 바둑돌로 발음 연습을 했다고 한다. 바둑돌 두 개를 준비하여 사탕을 물듯이 잇몸과 치아 사이에 넣고서 연습하면 한국인들이 못 고치는 발음을 6개월 정도면 본토 발음에 가깝게 교정할 수 있다고 한다.

아이의 호기심은 부모의 능력이다

자녀 교육에 있어서 엄마의 역할은 절대적이다. 교육을 중요시 하는 유대인들의 경우, 자녀가 유대인이냐 아니냐를 판단하는 기준은 어머니가 유대인이냐 아니냐 하는 것이다. 유대인 어머니의 교육을 받지 않았으면 자녀도 유대인이 아니라는 의미이다. 이들에게 어머니가 해야 할 가장 중요한 일은 아이에게 꿈과 비전을 심어주고, 아이의 숨은 재능을 찾아 좋아하는 일, 하고 싶어 하는 일을 할 수 있도록 잠재 능력을 길러주는 것이다.

자녀들은 대개 3가지 유형 중 하나를 따른다. 어릴 적부터 특정 분야에서 뛰어난 재능을 보이며 그 길로 나아가 성공하는 경우와 어릴 적에는 영재성을 보이다가 범재로 자라는 경우, 어릴 적에는 둔재였으나 자라면서 서서히 숨은 재능을 발휘하여 큰 업적을 남기는 경우로 구별된다.

어린 시절에 재능이 보이지 않는다고 하여 실망할 필요는 전혀 없다. 제도권 교육에서는 낙제생이었지만 나중에 훌륭한 인물이 된 사례는 수도 없이 많다.

발명왕 에디슨은 저능아였으며, 20세기의 천재 물리학자 아인슈타인은 수학의 낙제생이었다. 뉴턴도 모성결핍증으로 인해 겁 많고 소심하고 어눌한 소년이었다. 역사상 가장 위대한 천재로 불리는 레오나르도 다빈치 역시 둔재 취급을 받던 아이였다. 시인 워즈워드가 그랬고 바이런, 하이네가 그러했다. 음악가 바그너가 그러했고 슈베르트가 그러했다. 정치가 나폴레옹이 그러했고 처칠이 그러했고 루즈벨트가 그러했다.

인도의 시성 타고르 역시 학교생활에 적응하지 못하고 14살이 되던 해에 학교를 그만두었다. 전통 있는 명문가 사람이었던 타고르의 부모는 학교 교육 대신 가정 교육으로 아이를 가르쳤다. 저명한 문화, 예술인들을 집으로 초청하여 산스크리트 경선을 읽고 철학, 과학을 주제로 토론을 벌이는 방식이었다. 타고르는 여기서 얻은 풍부한 상상력으로 노벨 문학상을 수상한 시집 《키탄잘리》를 비롯하여 수많은 문학작품을 썼으며, 음악도 2,000여 곡이나 작곡하였다.

말을 물가로 끌고 가 강제로 물을 마시게 하지 말라. 그래서는 물을 마시는 시늉만 할 뿐이다. 그럴 때는 그냥 내버려두는 것도 방법이다. 그냥 내버려두면 언젠가는 목이 말라 스스로 물을 찾는 시기가 온다.

루소는 《에밀》에서 가장 이상적인 교육이란 "억지스러움이 없는 것이다."라고 말한다. 부모가 적성을 찾지 못한다고 해서 아이의 재능이 없는 것은 아니다.

철학자 헤겔은 대학 시절에 유독 철학에서 낙제점을 받았다. 아이러니가 아닐 수 없다.

 부모 교육 1_내 아이 적성 찾기

엄마가 해야 할 가장 중요한 일은 자녀가 즐기면서 일할 수 있는 분야를 찾아주는 것이다. 적성이 맞지 않는 분야라고 해서 성공하지 못하는 것은 아니지만, 적성에 맞는 일에 비해 더 많은 노력이 들고 성과도 상대적으로 미흡하다. 아이를 위해서도 불행한 일이다.

얼마 전 대형 로펌의 고문 변호사 한 명이 수억 원대의 연봉도 마다하고 66세의 나이로 미국 유학을 떠난다는 기사가 신문에 실렸다. 고교 시절부터 꿈이었던 물리학자가 되기 위해서였다고 한다. 법조인이 되었던 것은 아버지의 뜻이었다고. 그가 처음부터 물리학을 공부했더라면 본인을 위해서도 국가나 사회를 위해서도 훨씬 좋았을 것이다.

적성이란 특정 분야에 대한 능력이나 발전 가능성을 가리키는 용어이다. 동일한 노력을 기울였을 때 다른 사람들보다 더 나은 성과를 낼 수 있는 분야가 적성이다. 한 마디로 즐기면서 일할 수 있는 분야이다.

학자들마다 나누는 기준은 다르지만 지능은 대략 언어, 논리, 수학, 공간, 음악, 신체운동, 대인관계, 자연과학 등으로 분류된다. 적성을 찾기 위해서는 아이로 하여금 다양한 경험을 하게 해주어야 한다. 다양한 분야를 경험하게 하면서 아이가 특히 흥미로워하거나 관심을 보이는 분야를 꼼꼼히 살펴야 한다.

피겨 요정 김연아의 경우 7살 때 바이올린을 가르치려 했을 때는 기겁하였으면서도 얼음판 위에서는 환한 표정을 지었다고 한다. 만약 김연아에게 부모의 고집대로 바이올린을 강요했다면 어떻게 되었을까?

적성을 찾을 때 가장 중요한 것은 집중력이다. 영재성을 가진 아이일수록 특정 분야에 강한 집중력을 보인다. 에디슨은 병아리를 부화시키겠다고 헛간에서 계란을 품었고, 진화론을 발견한 다윈은 조개껍데기나 곤충에 유별나게 집착했다.

음악, 그림, 장난감, 식물, 동물, 곤충, 집안의 물건 등 다양한 환경을 접하게 하자. 그중에서 아이가 유별난 관심을 보이는 분야가 그 아이의 적성일 가능성이 높다.

적성을 찾기 위해 가장 쉽게 접근할 수 있는 방법이 적성검사지만 전적으로 신뢰할 건 못된다. 적성검사는 적성을 찾는 과정에서 참고자료 정도로만 활용해야 한다. 적성을 분류하는 방법도 검사마다 다르고, 검사 방법에 따라 오차도 크기 때문이다.

어린 나이에는 다양한 가능성이 있기 때문에 어느 하나로 특정하거나 부모의 희망을 적성으로 속단하는 것은 위험하다. 특히 초등학교 수준 정도에서 공부 잘하는 아이들은 거의 전 과목에 걸쳐 우수한 학업성적을 보이기 때문에 적성을 착각하기가 쉽다.

예를 들면 수리, 과학 분야의 적성이 아니더라도 초등학교 수준에서는 어느 정도 이상의 지능만 갖추면 수학을 잘할 수 있다. 중, 고교에 진학하면서 갑자기 성적이 떨어지는 분야는 거의 적성이 아니라고 볼 수 있다.

적성은 발견하는 것도 중요하지만 이를 길러주는 것이 더 중요하다. 아이들은 자라는 동안에 부모나 교사, 주위사람, 환경의 영향을 받으면서 적성이 형성되기도 하고 심화되기도 하기 때문에 아이가 좋아하면서 몰입할 수 있는 몇 가지 분야의 가능성을 열어두고 마음껏 상상의 나래를 펼칠 수 있도록 환경을 조성해주어야 한다. 여기서 가장 유의할 점은 부모의 희망과 아이의 적성을 동일시 하지 않는 것이다.

 부모 교육 2_내 아이 재능 찾기

세계적으로 영재 논쟁만큼 끈질기게 지속되어 온 논쟁도 많지 않다. 영재는 타고난다는 주장과 교육을 통해 길러질 수 있다는 주장이다. 그리고 그 논쟁은 아직도 끝날 기미가 없어 보인다.

최근에 이 논쟁을 주도한 논객들의 이야기를 잠시 인용해보자. 심리학자이며 《영재 어린이 : 신화와 현실》이라는 책의 저자인 엘렌 위너는 전자의 주창자이다. 영재는 타고 난다는 것이다. 그는 천재는 IQ 160을 넘거나 수학이나 과학, 그림이나 음악에서 특별한 재능을 타고나며 어느 분야든 1만 명 중 1명꼴로 나온다고 주장한다.

반면 천재와 보통 사람은 종이 한 장 차이라는 주장을 한 사람은 교육 심리학자인 하워드 가드너인데, 그는 《비범성의 발견》이라는 책에서 천재란 IQ와 같은 일률적인 잣대로 규정지을 수 없는 것이라고 주장한다. 개개인이 가진 다양한 강점을 어떻게 발견하고 어떻게 길러주느냐에 따라 보통 사람도 천재성을 발휘할 수 있다는 것이다.

영재는 조기 교육 여하에 따라 길러질 수 있다는 고전적인 주장을 편 사람은 독일의 칼 비테였다. 그는 영재는 타고난다는 당시의 주장을 뒤엎고 영재는 교육에 의해 길러질 수 있다는 이론을 제장했으니, 그의 주장대로 아들 칼 비테 주니어칼 비테 2세를 천재로 키웠다.

자식을 영재로 키운 그의 노력은 눈물겹다. 그는 결혼하기 훨씬 이전부터 영재 교육에 관심을 가지고 교육과 관련된 책들을 모조리 독파했다. 플라톤의 《국가론》, 에라스무스의 《유아교육론》, 로크의 《교육론》, 교육철학자 루소의 《에밀》, 나중에는 친구가 된 교육철학자 페스탈로치의 각종 저술을 섭렵했다. 이런 공부를 통해 그는 아무리 평범한 아이라도 영재로 키울 수 있다는 확신을 갖게 되었다.

그러나 정작 결혼은 아주 늦었다. 좋은 엄마를 선택하느라 중년이 되어서야 시골 마을 목사의 딸과 결혼을 했다. 곧 장남을 얻었으나 태어난 지 며칠 만에 장티푸스로 잃는 아픔을 겪어야 했다. 두 번째 아이는 52세라는 늦은 나이에 얻었으나 목에 탯줄을 감고 태어난 조산아였다. 발육부진에다 잦은 병치레, 그리고 저능아 판정까지 받게 되었다. 마을 사람들은 입을 삐쭉거리며 비웃었다. 어디 한 번 영재로 길러 보라는 비아냥이었다.

그러나 그의 아들 칼 비테 2세는 천재였다. 5, 6살에는 모국어인 독일어를 정확하게 구사할 수 있었고 잇따라 이탈리아어, 라틴어, 그리스어, 영어, 불어 등 6개 국어를 10살이 되기 전에 통달했다. 그 뿐 아니라 7, 8살에는 역사, 지리, 물리학, 생물학, 수학에 능통하게 되었고 《호머》와 《키케로》와 《실러》를 읽어 전국적인 영재로 소문이 나기 시작했다.

그러자 학자들이 모여들어 칼 비테 2세에게 영재시험을 치렀다. 테스트용으로 제시된 책들은 그리스어, 라틴어, 불어로 쓰인 교재들이었고 이것을 읽고 주어진 과제에 답하는 형식이었다. 여기서 칼 비테 2세는 거의 완벽하게 시험을 통과하여 소위 공인영재가 되었다.

그는 국왕의 주선으로 9살에 프로이센 괴팅겐 대학에 입학했고, 13살에 철학 박사학위를, 16살에는 법학 박사학위를 받았다.

18살에 대학 교수가 되었으나 공부를 좀 더 하라는 국왕의 권유로 다시 이탈리아로 유학을 떠나게 된다. 이탈리아에서 머무는 동안 단테 연구에 깊이 몰입하기도 했다. 단테는 그에게 평생의 연구과제였다. 그에게 단테는 교육학자들이 말하는 일종의 '동기부여'였다. 그의 많은 저술 중《단테의 오해》라는 책은 그런 맥락에서 저술된 책이다. 이탈리아 유학을 다녀온 그는 82세에 죽을 때까지 대학에서 종신 교수로 철학과 법학을 가르쳤다.

칼 비테는 아들이 생후 15일이 되자 조기 교육을 시작했다. 처음에는 청각 훈련이었다. 아이 옆에서 부드러운 목소리로 시詩를 읽어주고, 아이에게 다가가서는 매번 다른 목소리로 소리의 식별 능력을 길러 주었다. 아이가 조금 더 자라자 아이의 방에 아름다운 문양의 벽지를 바르고 다양한 그림을 붙여 놓았다. 그는 시각적인 장난감으로 아이의 관찰력을 길러주고, 아이의 수준에 맞는 놀이와 훈련으로 감각과 관찰력, 기억력, 상상력을 길러주는 교육을 시켰다.

운동도 갓난아이 때부터 시켰다. 일부러 헐렁한 옷을 입혀 바람이 잘 통하게 하고, 바람이 부드러운 날에는 마당에서 재우기도 했다. 맑은 공기로 머리를 맑게 해주기 위해서였다.

아이가 걸을 수 있게 되자 아이를 자연에 데려가 산책과 놀이를 즐기도록 했다. 또한 잔병치레가 많은 아이를 위해 수시로 냉수목욕을 시켰다. 그러자 아이는 놀랍도록 빠르게 체력을 되찾았다.

다음은 그림 게임이었다. 여러 가지 색깔의 색연필로 선과 그림을 그리면서 아이로 하여금 따라서 그리게 하는 게임이다. 이런 방법은 물체의 속성을 인지하는데 아주 효과적이라고 한다. 네덜란드의 화가 렘브란트가 이와 유사한 교육을 받았다.

그는 아들이 3살이 되던 해에 처음으로 음악회에 데리고 갔다. 아이가 신발 끈을 묶지 못해 시간을 끌자 아버지는 천천히 하라며 기다렸다. 어머니가 대신 해주겠다는 것을 말렸다. 나중에는 아이가 울음을 터트렸지만 끄떡없이 기다렸다가 스스로 신발 끈을 매고 나서야 음악회에 데리고 갔다. 공부나 일 모두 스스로 무언가를 해냈다는 뿌듯한 자신감이 중요함을 그는 알았던 것이다.

반면 아버지는 아들의 아주 조그만 일에도 칭찬을 아끼지 않았다. 그럴 때마다 너는 더 훌륭한 일을 할 수 있다며 칭찬해주었다.

글을 읽을 나이가 되자 그는 아들의 책장을 문학, 천문학, 역사, 음악, 외국어 등 다양한 분야의 책으로 가득 채워주었다. 칼 비테 주니어는 공부방에 들어갈 때의 느낌을 망망한 바다를 항해하는 항해사가 된 기분이었다고 회고한다. 그만큼 호기심이 가득했다는 말이다.

비테는 아이가 오랫동안 책상에 앉아 있는 것을 좋아하지 않았다. 연령대에 따라 다르겠지만 아이 때는 20분 정도만 집중적으로 공부하면 충분하다고 생각했다. 대신 무서운 몰입을 가르쳤다. 한 번은 아이가 20분이 넘게 수학문제를 풀어도 풀이를 하지 못하자 아이를 데리고 산책을 나갔다. 그랬더니 산책 도중에 아이는 머릿속으로 수학문제를 다 풀더라는 것이다. 이것은 이 책의 다른 장에서 설명하는 일종의 우뇌 현상이다.

유년 시절의 칼 비테 2세는 다른 사람들의 절반 정도밖에 공부를 하지 않았다. 무엇을 하든 즐기면서 배우는 것을 가장 중요시했다. 대신 그는 몰두하였다. 몰두하는 공부는 그 정도 시간이면 충분하다는 것이다.

그는 책을 볼 때 우선 전체를 가볍게 훑어보면서 흥밋거리를 찾았다. 이 책의 전체적인 내용은 무엇인가, 책의 어느 부분, 어떤 내용이 재미있을까? 그러고 나서 책을 읽기 시작하였다. 모르는 단어가 나와도 별로 신경을 쓰지 않았다. 그러다가 두 번, 세 번째가 되면 사전을 찾지 않아도 대부분 이해가 되었다고 한다. 신경을 곤두세우고 암기한 내용보다는 그렇게 흥밋거리로 읽는 내용이 훨씬 더 기억에 용이하다는 것이다. 이와 같은 독서법은 앞에서 다뤘던 SQ3R 기법과 흡사하다.

그의 교차학습법도 재미있다. 그는 딱딱한 학습일정을 잡아놓고 무작정 매달리지 말라고 한다. 공부할 과목과 내용을 수시로 바꾸어 학습일정에 변화를 주라는 것이다. 후일 그는 아버지의 교육 철학과 자신의 공부 경험을 바탕으로 《칼 비테의 공부의 즐거움》이라는 책을 저술하였다. 영재는 길러질 수 있다는 아버지의 철학과 자신의 경험을 담은 조기 교육에 관한 책이다. 이 책은 출판된 지 200년이 넘었지만 조기 교육 이론의 경전으로 불린다.

영재가 태어나는 것이라면 문제는 간단하다. 별 다른 교육 없이도 그 아이는 영재로 자랄 것이기 때문이다. 그러나 영재가 길러질 수 있는 것이라면 부모들의 책임이 막중해진다. 하지만 어떤 경우라도 현재 우리나라 엄마들이 하는 교육은 영재 교육이 아니다. 그녀들의 방식은 오히려 영재의 싹을 아주 효과적으로 말살시키는 교육이라는 것이 교육 전문가들의 일관된 주장이다.

한편 영재의 범위를 어디까지로 정할 것인가 하는 논란도 영재의 정의만큼이나 분분한 논란을 불러 일으켰다. 초창기에는 주로 지적 능력이나 학습 능력만을 기준으로 영재를 분류하였다. 이 기준에 의하면 상위 1~3% 이내에 드는 아이만이 영재이다. 미국 연방정부에서도 영재의 범위를 상위 3~5%까지로 규정하고 있다.

이 이론에 이의를 제기한 사람은 미국 국립 영재연구소 소장 렌줄리Renzulli 박사였다. 렌줄리 박사는 지적 능력으로만 본다면 상위 15~20%까지를 잠재적인 영재의 범주에 넣어야 한다고 주장했다. 역사적으로 업적을 남긴 인물들을 분석한 결과, 이들은 지적 능력이나 학교성적보다는 오히려 창의력이나 과제 집착력이 뛰어난 인물이었다는 것이다. 이러한 인물로는 에디슨이나 아인슈타인 등이 있다. 이를 바탕으로 렌줄리 박사는 영재의 특성을 다음의 3가지로 규정하였다.

- 보통 이상의 지적 능력
- 창의력
- 과제 집착력

특정 분야에 천재성을 보이는 아이들은 어릴 때 그 분야에 몰입하는 경우가 많다. 렌줄리 박사는 역사적인 인물들에 대한 연구에서 훌륭한 업적을 남기는 사람들은 위의 3가지 항목에 모두 85% 이상이고, 어느 한 가지 특성에서는 98% 이상일 때 성취도가 가장 높다고 분석하였다. 지적 능력, 즉 학교성적은 중상 정도면 충분하다. 지적 능력은 필요조건일 뿐이지 충분조건은 결코 아니라는 것이다.

몇 해 전 우리나라도 방문한 적이 있는 렌줄리 박사는 한국 교육개발원 강연에서 위의 3가지 특성이 조화를 이룰 때 영재성이 발휘될 수 있다면서, 가능하다면 위의 3가지 특성이 모두 15% 이내에 들고, 다시 그 중 한 가지 특성이 1~2% 이내에 드는 경우가 영재성을 꽃피우기에 가장 적합한 수준이라고 강조했다. 처음부터 상위 1~3%에 드는 영재를 알파α 영재, 교육을 통해 길러지는 영재를 베타β 영재로 구분한다면 역사적으로 큰 업적을 남긴 사람은 오히려 베타β 영재라는 것이다.

렌줄리 박사는 영재를 선발하는 방식도 특이하다. 표준화된 검사에서 상위 8% 안에 드는 학생 중에서 우선 절반을 선발하고, 나머지 절반은 교사의 추천이나 학생의 자천에 의해 선별한다. 이때의 선별 방식은 심화학습이나 만화영화, 부메랑, 신문 만들기 등의 창의력, 집중력 테스트이다.

그는 1%가 아닌, 20%에 드는 학생들 사이에서 고르게 영재가 나타난다고 말한다. 영재에 대한 최근의 학설 추이는 다양한 분야에서 창의력과 과제 집착력이 좋은 아이에 좀 더 무게를 두는 쪽으로 모아지고 있다.

우리나라의 경우를 보자. 역사적인 평가는 다소 엇갈리지만 근대사에 큰 획을 그은 박정희 대통령의 경우, 학교성적은 그저 중상 정도였다. 렌줄리 박사의 기준에 의하면 박 대통령은 과제 집중력이 고도로 뛰어났던 인물로 보이며, 정주영 회장의 경우 지능은 모르겠지만 창의력과 집중력이 모두 뛰어난 인물로 보인다.

 부모 교육 3_감성지능을 키워라

70, 80년대까지는 사람의 능력을 평가하는 척도로 IQ를 주로 사용했다. 지적 능력과 성공이 비례관계에 있을 것이라는 가정에서였다. 그러나 머지않아 성공을 가늠하던 척도에 대한 회의가 들기 시작했다. 사회적으로 성공한 사람들을 보면 그렇지도 않더라는 것이다.

삼류 배우였던 레이건이 대통령이 되고, 학교에서 낙제생이던 아인슈타인이 상대성 이론을 발견한 것을 어떻게 해석해야 할까? 반대로, 어린 시절에 IQ 180이다, 200이다 하면서 천재로 소문났던 사람들이 10년, 20년이 지난 후에는 아주 평범하거나 혹은 그 이하로 살고 있는 사례도 얼마든지 있다. 이렇듯 IQ 하나로 인간의 성공을 평가하기에는 적절하지 않다는 것이다.

여기서 도입된 이론이 감성지능Emotional Quotient 이론이었다. 지능이나 지적인 능력은 훌륭한 리더가 되기 위한 필요조건이기는 하나 충분조건은 아니라는 것이다. 결국 공부는 혼자 하는 것이지만 사회생활은 혼자가 아닌, 사람과 사람의 관계이다.

또한 초등학교에 입학한 지 3개월 만에 쫓겨난 에디슨이 발명왕이 된 것은 지능의 문제가 아니라 집념과 끈질긴 노력의 결과였다. 따라서 영재가 되기 위해서는 인내심과 지구력, 자신을 다스릴 줄 아는 제어 능력, 감정을 함부로 폭발시키지 않는 충동 통제력, 용기, 절제, 남을 배려하는 감정이입 능력 등의 정서적 기능이 더욱 중요하다.

맥아더와 아이젠하워의 사례를 보자. 두 사람은 성격도 스타일도, 걸어간 길도 극적으로 대비되는 군인이었다. 맥아더는 웨스트포인트미 육군사관학교를 수석으로 졸업하고 50세에 대장으로 승진했다. 이는 미국 역사상 가장 빠른 승진 기록이다. 그의 육사 졸업성적은 아직도 기록을 깬 사람이 없을 정도로 우수했다.

반면 아이젠하워는 맥아더보다 12년 후배로 그저 그런 성적으로 미 육군사관학교를 졸업하고 중령 계급장만 16년 동안 달았던, 무명의 초급 장교였다.

아이크가 16년 동안이나 중령 계급장을 달았던 것에는 맥아더의 책임도 있다. 맥아더는 자신과는 성격이 판이한 아이크를 미워했다. 그래서 10년 동안 자신의 휘하에 두고도 중령 이상으로 진급을 시키지 않았던 것이다.

그러다가 제2차 세계대전이 발발하자 아이크는 마샬 장군에게 발탁되어 승승장구한다. 그는 해마다 소장, 중장, 대장으로 진급

했고 마침내 노르망디 상륙작전을 성공적으로 이끌어 영웅이 되어 귀국했다.

한편 태평양 사령관이었던 맥아더는 정치권, 특히 트루먼 대통령과의 불화로 옷을 벗어야 했다. 그의 독선적인 스타일이 문제였다. 강제 예편을 당한 맥아더는 이를 설욕코자 1948년과 1952년 두 차례나 대통령 선거에 출마했지만 공화당 경선에 패해 좌절됐다. 특히 1952년 선거에서는 후배이자 자신의 참모였던 아이젠하워에게 패해 탈락하는 수모를 겪기도 했다. 반면 공화당 예선에서 맥아더를 이긴 아이젠하워는 제34대 미국 대통령에 당선되었다.

맥아더는 군인으로서는 유능했지만 정치적으로 무능했던 반면 아이크는 초급 장교로서는 무능했지만 높은 자리에 오를수록 능력을 발휘하였다. 만약 미국의 대통령이 선거가 아닌 관료주의의 특성인 내부승진 방식으로 결정되었다면 연공서열에서 절대적으로 유리한 맥아더가 대통령이 되었을 것이고, 그랬다면 그는 미국 역사상 가장 무능한 대통령이 되었을 거라는 것이 학자들의 공통된 견해이다.

맥아더가 군사적인 전략밖에 모르는 고집불통이었다면 아이크는 장군이 되면서부터는 조정자로서, 중재자로서의 뛰어난 리더십을 발휘했다. 일례로 노르망디 상륙작전 당시의 일화를 보자.

연합국 사령관인 아이크는 영국의 몽고메리 장군, 미국의 패튼 장군, 영국의 처칠 수상, 프랑스 드골 대통령의 협조가 절실했다. 이들 중 어느 하나라도 협조하지 않으면 노르망디 상륙작전은 성공

할 수 없었다. 알다시피 앞서 언급한 인사들은 모두 당대 최고의 고집불통들이었다. 이렇듯 이해관계가 다르고 저마다의 색깔이 강한 이들을 다독거려 공통의 분모를 만들어낸 인물이 바로 아이크였다.

맥아더와 아이크, 두 사람에 대한 평가는 뉴욕타임스의 제임스 C. 홉스 기자의 평가에서 극명하게 나타난다. 어느 날 그는 맥아더와는 점심식사를, 아이크와는 저녁식사를 같이할 수 있는 행운을 얻었다. 그때의 느낌을 그는 이렇게 적고 있다.

"맥아더와 식사를 할 때면 그가 얼마나 대단한 사람인가를 알게 되지요. 그러나 아이크와 식사를 같이하면서는 제가 얼마나 대단한지 알게 되었답니다."

맥아더는 남의 이야기를 듣지 않는 아집의 사나이였지만 아이크는 남의 이야기를 들어주고, 이들을 자기편으로 끌어들이는 재주가 뛰어난 사람이었던 것이다. 이것이 곧 감성지능이다.

리더십 전문가인 토머스 J. 네프Thomas J. Neff와 제임스 M. 시트린 James M. Citrin은 사회적으로 성공한 사람들의 특성을 15개로 나누어 분석했다. 분석 결과, 그 중 3가지 항목 정도만 지적 능력의 영역이었고 나머지는 감성적인 분야였다. 심리학자 다니엘 골드만이 연구한 내용도 비슷한 결론을 내고 있다. 그에 의하면 지적 능력이 20%, 감성 능력이 80%로 조화를 이룰 때 가장 좋은 리더십을 발휘한다고 한다. 공부를 잘하는 것도 중요하지만 공부만 잘해서는 사회에서 별로 쓸모가 없는 사람이 되고 만다는 것이다.

어머니가 해야 할 가장 중요한 일은 아이와 대화를 많이 하는 것

• 지적 능력이 20%, 감성 능력이 80%일 때,
  가장 좋은 리더십을 발휘한다.

이다. 이것은 자녀가 어릴수록 더욱 중요하다. 대화를 많이 하여 아이의 무한한 상상력과 창의력을 길러주는 것이 어머니의 핵심적인 역할이다.

새장에 갇힌 앵무새가 아닌, 하늘을 나는 독수리가 되게 하려면 아이로 하여금 호기심을 갖고 학습의 주체가 되도록 해야 한다. 그러기 위한 가장 좋은 방법은 어머니의 효과적인 질문이다.

가을에 단풍이 노랗게 물들었다. 이를 보고 단풍의 이치를 일방적으로 설명해주는 것은 'C'급 엄마이다. 유대인 엄마들은 꼬리에 꼬리를 무는 질문으로 아이를 정답으로 이끌어간다. 아이가 이해하기 어려운 내용일 경우는 후일로 미루는 대신 아이의 상상력을 자극해주는 다른 질문을 던진다. 아이가 가을이면 단풍이 물드는 이유를 물었을 때 광합성, 엽록소, 카로틴노란 색소, 크산토필붉은 색소 이야기를 해주어도 아이는 이해하지 못한다.

그럴 때는 이렇게 되물어보라.

자연은 아이로 하여금 마음껏 상상력을 발휘하게 할 수 있는 질
문의 보고이다.

- 가을이 되면 나뭇잎이 왜 떨어지는 걸까?

- 비오는 날 새들은 어디서 잠을 잘까?

- 산속에 사는 아기 곰은 눈 내린 겨울이면 무얼 먹고 살까?

- 계란의 흰자위와 노른자위 중 어느 쪽이 병아리가 될까?

- 말은 왜 서서 잠을 잘까?

- 바다의 파도는 왜 생길까?

- 달은 왜 크기가 변하는 걸까?

- 왜 나라마다 지폐에 초상화가 그려져 있을까?

- 왜 새들은 전깃줄에 앉아도 감전되지 않을까?

- 왜 비오는 날이면 전깃줄은 잉잉 소리 내면서 울까?

- 물고기는 어떻게 물속에서 숨을 쉴까?

- 왜 하늘은 푸를까?

- 왜 소는 풀만 먹을까?

- 천체는 왜 타원형 궤도를 그릴까?

- 동력이 없는 인공위성은 어떻게 지구 궤도를 돌 수 있을까?

- 무거운 금속으로 만든 비행기가 어떻게 하늘을 날 수 있을까?

질문에는 '예', '아니오'로 대답하는 질문과 단순정보 혹은 단답
을 요구하는 질문, 상대방의 의견이나 설명을 요구하는 질문이 있

다. 전자를 닫힌 질문_{convergent question}, 수렴적 질문 또는 폐쇄형 질문이라고도 부른다. 반면 상대방의 의견이나 설명형 답을 요구하는 질문을 열린 질문_{divergent question} 또는 개방적 질문이라고 한다.

닫힌 질문은 답이 하나뿐이지만 열린 질문은 정해진 답이 없다. 상대방에 따라서 이런 대답도 나올 수 있고 저런 대답도 나올 수 있는 것이다.

교육학자들은 닫힌 질문이나 과거형 질문은 아이들의 상상력과 창의력을 가로막는 좋지 않은 질문이라고 말한다. 반면 열린 질문은 아이의 두뇌를 자극해주고 생각을 가다듬을 수 있게 한다. 수시로 자신에게 열린 질문을 던져보자.

역사상 가장 위대한 천재 레오나르도 다빈치는 호기심 광이었다. 뉴턴도 에디슨도, 위대한 업적을 남긴 사람들은 모두가 강한 호기심의 소유자들이었다. 그 정도의 큰 의문도 없이 어떻게 위업을 이루겠는가.

다빈치는 그림, 건축, 과학, 발명에도 천재였지만 요리와 음악에도 일가견이 있었다. 그는 수시로 떠오르는 의문, 궁금한 것들, 아이디어를 노트에 기록했는데 현재까지 보존된 것만 해도 7,000페이지가 넘는다. 다빈치를 연구하는 학자들은 실제 그의 기록물은 그 몇 배는 되었으리라고 주장한다.

다빈치의 호기심 연상 훈련은 조금 특별하다. 그는 하나의 주제가 떠오르면 20~30분 정도 그 주제와 관련되어 연상되는 것들을 종이에 적고 스케치했다. 하나의 주제가 떠오르면 비슷한 단어나

사물, 연장선상에 있는 단어, 반대되는 것, 기능이 같은 것, 형태가 같은 것, 여기에 기능을 추가하면, 날개를 떼어버리면 하는 식이었다. 이것을 그림으로 그려 서로 관련 있는 것들끼리 연결하면 나뭇가지처럼 가지에 가지를 뻗으며 무성한 숲을 이루게 된다.

이러한 그의 연상 방법은 이 책의 앞에서 설명한 마인드 맵 기법과 유사하다.

그가 이런 식의 연상연습으로 그린 것들은 비행기, 장갑차, 전함, 증기기관, 잠수복 등이었다. 그가 스케치한 것들은 대부분 수세기가 지나서야 현실화될 수 있었다.

 부모 교육 4_사고의 유연성 길러주기

사고의 유연성 훈련은 한 가지 주제로 다양한 생각을 할 수 있게 하는 훈련이다. 이것엔 유창성, 융통성, 독창성, 그리고 상상력이 필요하다. 지금과 같은 정답이 하나밖에 없는 교육을 받으면 특히 아이디어의 유연성이 취약해진다.

- 더 크게 만들면?
- 축소하면?
- 합치면?
- 나누면?
- 이으면?

- 다른 용도는?
- 다른 방법은?
- 색깔을 바꾸면?
- 뒤집으면?

문제해결에는 짧은 시간에 아이디어를 많이 내는 것이 중요하다. 이와 같은 훈련을 하다보면 우수한 아이디어가 나오게 된다. 아이들에게 짧은 시간에 많은 아이디어를 내는 훈련을 놀이삼아 시켜보자.

- 집에서 쓰고 버리는 병이나 캔, 신문지 등을 재활용할 아이디어 5가지!
- 벽돌의 용도 10가지!

미국과 한국의 학생들을 상대로 벽돌의 용도를 있는 대로 말해보라는 실험을 했다. 한국 학생들의 대답은 집짓기, 장독 받침대 등 서너 가지 밖에 나오지 않았다. 이에 반해 미국 학생들은 무려 150여 가지의 용도를 나열했다. 집짓기 외에 양변기 물 절약용, 화분 받침대, 못박기, 날아가는 풍선 잡아두기, 종이 누름판, 도둑놈 때려잡을 때, 엘리베이터에서 키가 모자랄 때의 디딤돌 등.

아이들의 상상력 훈련은 언제 어디서든 할 수 있다. 집에서 버리게 되는 빈 상자나 깡통을 버리기 전에 아이에게 한번 물어보자.

"이 상자는 버리기에는 아까운데, 어디 쓸 데가 없을까?"

만약 딸아이라면 "머리핀 담으면 좋겠다."고 상상력을 발휘하여 대답할 수 있을 것이다.

이스라엘의 어머니들은 잠자리에서 유대민족의 지혜서인《탈무드》나 동화책 등을 꼭 읽어 준다. 재미있는 것은 동화책을 한꺼번에 다 읽어주는 것이 아니라 조금씩 읽어주고 난 다음, 잠들 때까지 그 다음 이야기를 상상하게 한다는 것이다. 그들은 이런 대화를 나눈다.

아이와 대화할 때는 명령형이나 '예', '아니오' 식의 단답, 하나의 정답만 요구하는 질문은 하지 않는 게 좋다. 학교에서 돌아와서 "옷 벗어라! 밥 먹어라! 숙제해라!"는 식의 명령만 들으면 나중에는 아이가 질려버린다. 대신 아이에게 할 말을 '~니?' 자로 끝나는 질문으로 유도해보자.

"옷 벗어라!" 대신에 "그 옷 언제 입었지?"로 질문하여 옷을 갈아입는 게 좋겠다는 대답을 유도하는 것이다. 아이가 물을 때도 즉석에서 답해주지 말고 "너는 어떻게 생각하니?"라는 식으로 되물어보자. 아이에게 다시 한 번 생각할 기회를 주는 것이다.

단어나 사물 하나를 놓고 그의 연장선상에서 떠올릴 수 있는 곳을 모두 적게 해보자. 그냥 적어보는 것도 좋지만 마인드 맵처럼 주제별로 그림을 그려가면서 기록하면 아이들이 아주 좋아한다.

앞서 말했듯 아이의 질문에 곧바로 정답을 알려주는 것은 좋지 않다. 막 싹트기 시작하는 상상력, 추리력의 싹을 자르는 일이기 때문이다. 아이에게 질문을 받으면 생각하는 방법을 알려주거나 꼬리에 꼬리를 무는 질문으로 스스로 정답에 이르도록 유도해주는 것이 바람직하다. 이른바 소크라테스의 산파술이다.

아이 : 엄마, 달은 왜 커졌다가 작아졌다가 사라졌다가 하는 거야?

엄마 : 그래, 달이 마치 숨바꼭질 하는 것처럼 보이지?

아이 : 응.

엄마 : 숨바꼭질 할 때는 어떻게 해야지?

아이 : 안 보이도록 숨어야지.

엄마 : 그러다가 술래한테 들키면?

아이 : 그러면 밖으로 나와야지.

엄마 : 아주 잘 생각했어.

아이 : 그럼 달도 숨바꼭질을 하는 거야?

엄마 : 그런 셈이지.

아이 : 누구랑?

엄마 : 해님하고. 해님이 술래를 하는 거야. 그럼 달이 숨는 곳은 어딜까?

아이 : 아, 지구 뒤로 숨는구나.

엄마 : 맞았어. 그런데 왜 커졌다가 작아졌다가 할까?

아이 : 해님에게 들켜서 밖으로 나올 때는 지구 뒤에서 나와야 하니까 멀어서 그런 게 아닐까?

엄마 : 맞아. 멀리서 나오니까 작아 보이는 거야. 그러다 우리 머리 위로 오면 둥근 보름달이 되는 거야. 보름달 되거든 우리도 숨바꼭질 해볼까?

또한 궁금증을 증폭시키는 질문을 유도하는 것도 중요하다.

아이 : 엄마, 구름은 왜 하늘에 떠 있어? 저렇게 덩치도 큰 구름이 말이야.

엄마 : 그럼 커다란 비행기는 어떻게 하늘을 날까?

아이 : 그거야 엔진을 달았으니까. 구름은 엔진이 없잖아.

엄마 : 공기보다 가벼운 먼지도 둥둥 떠다니지 않니?

아이 : 아, 공기보다 가벼워서 하늘에 떠 있는구나.

엄마 : 그럼 비는 어떻게 내릴까?

아이 : 음, 구름이 점점 더 많아져서 무거워지면 땅으로 내려오는 게 아닐까?

엄마 : 맞아, 바로 그거야. 어떤 물건이라도 공기보다 가벼우면 뜨고 공기보다 무거우면 땅으로 떨어지는 거야.

아이가 잘못을 저질렀을 때는 응당 야단을 쳐야겠지만 어느 경우에나 간섭을 하는 것은 좋지 않다. 특히 개성이 강한 아이일수록 간섭을 하면 비뚤어지기 쉽다. 중용을 찾기가 쉽지 않은 문제이다. 이런 경우에는 큰 가이드라인이나 원칙을 정해주고서 자율에 맡기는 것이 좋다.

개성이 강했던 빌 게이츠 역시 부모의 간섭을 아주 싫어한 아이였다. 부모가 간섭을 하면 반항아 기질을 보였다. 답답한 마음에 심리학자를 찾아가 한 달 동안 관찰을 의뢰했더니 심리학자는 그에게 강요하거나 간섭하지 말라는 답을 보내왔다. 그때부터 부모는 그에게 큰 가이드라인만 정해주고 스스로 행동하도록 내버려두었다. 그랬더니 그가 놀랍도록 달라지기 시작하더라는 것이다.

하버드 대학을 중퇴하고 폴 앨런과 함께 마이크로 소프트를 창업한다고 했을 때 부모는 못마땅해 했다. 그들은 빌 게이츠가 최소한 대학은 졸업하고서 무언가 하기를 바랐던 것이다. 하지만 그들은 만류하지 않고 빌 게이츠의 의견을 존중했다. 단, 아버지는 한 가지 조건을 달았다. 그것은 '언젠가는 꼭 하버드 대학을 졸업해달라' 는 것이었다.

그로부터 32년이 지나 빌 게이츠는 하버드 대학에서 졸업장을 받았다. 그의 졸업식 연설은 이렇게 시작한다.

"저는 이 말을 하기 위해 30년을 기다렸습니다. '아버지, 제가 늘 말씀드렸잖아요. 학교로 돌아가 학위를 받을 것' 이라고요."

개성이 강한 나무는 스스로 자라게 내버려두어야 한다.

 ## 부모 교육 5_유대인의 자녀 교육법

유대민족은 불가사의한 민족이다. AD 73년, 유대인은 로마군에 의해 나라가 망한 후 세계를 떠돌며 수난을 당했다. 특히 기독교 국가였던 중세 유럽에서 유대인들이 겪은 박해는 가혹한 것이었다. 유럽인들은 예수가 동족인 유대인들에 의해 죽임을 당했다고 믿었기 때문이다.

1948년, 갖은 핍박을 받으며 살던 유대인들은 옛 조상의 땅 팔레스타인에 나라를 세웠다. 나라를 잃은 지 2000년이 지난 후의 일이다. 여느 민족 같았으면 민족의 정체성마저 상실해버렸을 긴 세월이다. 그 자체만으로도 유대민족은 위대하다고 할 수 있다.

그렇게 핍박 속에서 살아남은 민족이지만 유대인은 자타가 공인하는 세계에서 가장 우수한 민족이다. 인구로는 전 세계의 0.2%에 불과하지만 그들은 노벨상 수상자를 포함하여 세계 주요 지도자의 35%를 차지한다. 그동안의 노벨 경제학 수상자의 65%가 유대인이다. 미국에서만 본다면 유대인의 인구 비중은 3% 정도지만 유명대학 교수의 30%가 유대인이다.

세계적으로 이름을 떨친 유대인으로는 에디슨과 아인슈타인, 원자탄을 개발한 오펜하이머, 수소탄을 개발한 텔러, 핵잠수함을 개발한 릭오버가 있다. 《자본론》을 써서 공산주의의 이론적 기초를 확립했던 칼 마르크스, 경제학자 사뮤엘슨, 심리학자 프로이트, 영상미학의 귀재 스필버그, 작가 토마스 만, 아서 밀러, 음악가 번스타인도 모두 유대인이다. 한때 세계 최고의 부자였고 지금도 최고의 부자인 록펠러와 빌 게이츠 역시 유대인이다. 여기서 그치지 않는다. 가장 중요한 것은 경제와 언론 분야이다. 미국의 금융과 주요 언론은 모두가 유대인이 소유하고 있다고 볼 수 있다.

유대민족의 우수성은 민족 자체의 우수성이라기보다는 그들의 철저한 교육 때문이라는 주장이 강하다. 교육에 대한 이들의 신념이 어느 정도인지 앞서의 이야기, 예루살렘이 멸망할 당시로 돌아가보자.

로마군이 예루살렘을 완전히 포위하고 있어 이스라엘의 멸망은 시간문제였다. 게다가 로마군은 가는 곳마다 점령지를 불태워 초토화시켰기 때문에 예루살렘이 불바다가 되는 것 또한 시간문제였다.

이때 예루살렘에는 위대한 랍비 요한나 B. 자카이가 있었다. 그도 예루살렘이 멸망할 것을 알고 있었다. 그는 예루살렘은 망할지라도 유대민족이 망하는 것은 막아야 한다고 생각했다. 그러기 위해서는 로마의 장군을 만나야 했다. 그러나 성은 완전히 로마군에 포위되어 누구도 출입이 허락되지 않았다. 그는 자신이 병들어 생명이 위태롭다는 소문을 냈다. 그리고는 며칠 후 죽었다는 소문을 내고는 스스로 관 속에 누워 성문을 빠져나갔다. 아무리 로마군이라 해도 묘지로 가는 망자의 길을 막지는 않을 것으로 생각했기 때문이다.

성을 빠져나간 자카이는 관에서 나와 로마 장군 베스파시아누스를 만나 무릎을 꿇고 "황제여!"라고 부르짖었다. 그러자 군사령관이었던 베스파시아누스는 깜짝 놀라면서 나를 황제라고 부르는 연유가 무엇이냐고 되물었다. 때마침 전령사가 숨이 멎을 정도로 달려와 황제가 죽고 베스파시아누스 사령관이 원로원에서 황제로 선출되었다는 소식을 전했다. 기분이 좋아진 사령관은 랍비에게 한 가지 소원을 들어주겠노라고 약속했다.

랍비는 소원을 말했다. 예루살렘을 파괴하지 말아달라고 부탁하는 것이 불가능한 것임을 안 그는 조그만 도시 야브네에 있는 대학과 성서와 책은 불사르지 말아달라고 부탁했다. 지금은 비록 로마의 식민지가 되겠지만 성서와 책만 불타지 않으면 언젠가는 다시 일어설 것이라 믿었기 때문이다. 로마는 망했지만 그의 바람대로 유대민족은 살아남았다. 이렇듯 오늘의 유대민족을 있게 한 가장 큰 원동력은 교육이라고 할 수 있다.

주입식 교육, 질문이 없는 교육으로는 순응하는 인간밖에 기르지 못한다. 순응형 인간은 산업사회의 역군이 될 수 있을지는 모르나 21세기 디지털사회, 정보화사회의 창의적 인재로는 살아남지 못한다. 《탈무드》에는 이런 구절이 나온다.

"교사는 학생들에게 일방적으로 교육해서는 안 된다. 학생들이 듣기만 하는 교육은 앵무새밖에 길러내지 못한다. 학생과 주고받는 대화가 많을수록 교육효과는 커지게 마련이다."

이스라엘의 어머니들은 자신들이 신봉하는 구약의 하나님 말고는 이 세상 모든 것을 의심하라고 가르친다. 그리하여 어릴 적부터 끊임없이 '왜?'라는 질문을 던지게 한다. 이것이 호기심을 자

성서와 책만
있다면 유대민족은
영원할 것이다.

극하여 창의적인 사고의 틀이 형성된다는 것이다. 끊임없이 이어지는 '왜?'라는 질문은 노벨상 수상자의 30%를 배출하는 원동력이 되었으며 불과 400만 정도의 인구로 자신들의 20배 규모인 아랍권에 둘러싸여서도 당당히 맞설 수 있는 힘이 되었다.

유대인 교육의 핵심은 상상력 훈련이다. 그들은 취학 전 아이들에게는 읽기, 쓰기를 가르치지 않는다. 읽고 쓸 나이가 되면 일주일이면 다 배울 것들로 미리부터 아이들을 고생시킬 필요가 없다는 논리다. 그러나 그보다는 사고가 굳어지기 전에 상상력 훈련에 좀 더 집중하기 위해서이다. 세상의 이치를 스스로의 상상을 통해 깨우치도록 한다는 것이다.

기독교에는 예수의 십자가가 있으나 유대교에는 하나님의 형상도 없다. 그 역시 상상력을 키우기 위해서이다. 초등학교에 들어가서도 구구단을 가르치지 않는다. 7이 하나면 7, 7이 둘이면 14, 7이 셋이면 21…… 하는 식으로 스스로 이치를 깨우치도록 한다. 이치를 깨우치고 나면 구구단은 별 의미가 없어진다.

창의력의 기본은 암기력이 아니라 상상력이다. 최근 대도시를 중심으로 주산학원이 다시 등장하고 있다는 소식이다. 주산이야말로 수의 이치를 깨닫게 해주는 좋은 방법이 아닐까 생각된다.

유대인 교육의 핵심은 소크라테스의 질문법이다. 그들은 묻고 묻고 또 묻는 것을 가르친다. 우리나라 어머니들은 아이가 학교에 갈 때, "선생님 말씀 잘 들어라!"고 하지만 이스라엘의 어머니들은 "질문을 많이 하라!"고 당부한다. 그리고 학교에서 돌아오면 오늘은 무슨 질문을 했느냐고 묻는다. 이스라엘에서는 말이 별로 없고 착한 아이는 특별 관리대상이 된다. 말 잘 듣고 착하기만 한 아이는 자라서 아무것도 할 수 없다고 믿기 때문이다. 이렇듯 어릴 적부터 '왜?'라는 의문을 끊임없이 사용하는 습관을 길러주는 것은 아이의 창의력을 높이는 가장 좋은 방법이다.

유대인 부모는 아이들에게 정답이 하나인 질문은 거의 하지 않는다. 아이로 하어금 설명해야 하는 질문을 던진다. 또 아이가 묻는 질문에도 쉽게 정답을 말해주지 않는다. 세 번, 다섯 번 징검다리 질문을 던져서 아이가 스스로 깨닫도록 도와줄 뿐이다. 이것은 바로 소크라테스가 사용했던 산파술과 반어법이다.

학생들이 질문을 가장 많이 하는 나라는 이스라엘이다. 미국에 있는 유대계 학생들도 마찬가지다. 우리나라 엄마들이 학교에 가서 선생님 말씀 잘 듣고, 친구들과 싸우지 말라고 당부하는 시간에 이스라엘 엄마들은 질문을 많이 하라고 당부한다.

이스라엘 학생들은 수업시간에 3색 연필로 공부를 한다. 검정색, 붉은색, 파란색 이렇게 세 가지이다. 그 용도는 다음과 같다.

검정색 : 교사가 가르치는 내용을 기록하는 용도

붉은색 : 중요한 내용에 밑줄을 긋는 용도

파란색 : 이해가 잘 안 되는 부분, 질문할 내용을 표시하는 용도

자발적으로 사람을 움직이게 하는 것은 호기심과 궁금증이다. 호기심과 궁금증이 많으면 자연히 질문을 많이 하게 된다. 질문을 많이 하는 것, 그것이 곧 학습의 주관자가 되는 방법이다.

다음은 자유로운 사고 훈련이다. 그것이 법규에 어긋나지 않는 한 어떤 생각이나 행동도 자유롭게 할 수 있도록 훈련시킨다. 유대의 명절 가운데 '부림'이라는 게 있다. 유대민족을 멸망에서 구해낸 왕비 '에스더'를 기념하는 명절이다. 이날에는 아이들이 온갖 때때옷을 입고 거리로 쏟아져 나온다. 우리나라로 치면 설이나 추석 정도로 볼 수 있다.

헌데, 재미있는 것은 이날에 입는 옷은 시중에서 구입하는 것이 아니라 아이들이 만들어달라는 모양대로 할머니나 엄마가 만들어주는 것이다. 이날에는 드레스만 해도 나비모양, 잠자리모양, 거미모양, 개미모양 등 온갖 종류의 옷이 거리로 쏟아져 나온다. 아이들이 특이한 옷을 만들어달라고 할수록 엄마들은 좋아한다. 아이의 상상력이 그 정도로 발달했다는 증거이기 때문이다.

자유로운 사고와 행동, 이것은 이스라엘에서 아주 중요한 기본권이다. 이집트에서 겪었던 400년 동안의 노예생활을 잊지 않기 위한 노력이라고도 한다. 이스라엘에서는 군인들도 자유분방하다. 이스라엘 군인들은 휴가 중에도 총기를 휴대하고 다닌다. 언제 어떤 사태가 발생할지 모르기 때문이다. 휴가 나온 군인들은 총을 거꾸로 메고 음료수를 마시는 등 위험하고 문란해 보이지만, 총기사고 한 번 나지 않는다. 이것은 자유와 규율이라는 큰 원칙을 모두가 지키기에 가능한 일이다.

이스라엘의 모든 어머니들이 자녀 교육에서 빠뜨리지 않는 것이 하나 있다. 바로 베갯머리 독서이다. 이스라엘의 아이들은 누구나 돌이 지날 정도가 되면 잠자리에서 어머니가 읽어주는 동화를 들으면서 잠이 든다. 베갯머리 독서는 유대 어머니들의 의무이자 전통적인 일과이다. 그래서 어머니가 유대인이어야만 자녀도 유대인으로 취급받는다. 아버지는 그 다음이다.

어머니가 읽어주는 책의 내용이 정해진 것은 아니지만 주로 읽어주는 책은 《구약성서》나 유대인의 지혜가 담긴 《탈무드》, 동화책들이다. 이렇듯 말을 배우기 시작할 나이에 어머니가 들려주는 조상들의 지혜는 언어 발달에 큰 도움이 된다. 또 조상들의 이야기를 어릴 적부터 들으면서 자라나 민족적인 유대감이 끈끈하게 형성된다고 한다.

재미있는 것은 이들은 동화책을 읽어줄 때 한창 재미있는 부분에서 이야기를 멈춘다. 예를 들어 책의 내용에 아름다운 공주가 나쁜 사람들에게 잡혀갔다는 대목이 나왔다. 아이의 눈이 반짝인다. 그 다음 이야기가 궁금하기 때문이다. 그러면 어머니는 잠들 때까지 그 다음 이야기가 어떻게 될지 생각해보라고 한다. 아이는 아름다운 공주를 만나는 꿈을 꾸면서 꿈나라로 간다.

"물고기 한 마리를 주면 하루를 살지만 물고기 잡는 방법을 가르치면 평생을 살아갈 수 있다."

유대 속담에 나오는 말이다.

이와 같이 이스라엘의 교육은 지식이 아닌 지혜를 가르치는 것에 핵심이 있다.

유대인 학교에서는 숙제의 내용이 아니라 어떻게 자료를 모아 어떻게 정리했는가 하는, 문제에 접근하는 방법을 가르친다. 우리나라처럼 어머니가 숙제를 대신 해주는 일은 상상할 수도 없다. 쉽지는 않겠지만 아이가 학습의 주체가 되도록 하기 위해서 어머니는 아이의 숙제를 대신 해주지 말아야 한다. 어머니는 정답을 알려주는 것이 아닌, 어디에서 어떤 재료를 찾아 그것을 어떻게 자기 나름대로 해석하는지 그 방법을 가르쳐야 한다. 그런 점에서 우리나라 교육은 크게 잘못되어 있다.

장난감을 부수고 방을 어지럽히는 아이를 나무라지 말고 그 속에서 창조의 가능성을 찾자. 방을 어지럽히는 것은 영재들이 공통적으로 보이는 특성 중의 하나이다. 새로운 창조에는 반드시 파괴가 따르기 때문이다. 물건을 부수는 것은 일종의 창조행위이다. 방을 어지럽히고, 물건을 부수는 행위는 자아의 형성 과정으로 볼 수 있다. 이를 통해 아이는 호기심을 기르고, 자유롭게 상상하며, 실수를 두려워하지 않는 아이로 다시 태어난다.

아이의 방은 아이의 세계관이다. 어머니의 기준으로 아이의 방을 정돈해준다면 아이의 자아自我가 형성되지 않는다. 다만 나중에 방을 치우는 일도 아이에게 시켜야 한다.

유대인 어머니들은 아이의 진로를 결정할 때 두 가지 요소를 고려한다.

유대인 어머니들은 남보다 잘하라, 뛰어나라고 가르치지 않는다. 무엇을 하든 남과 다르게 하라고 가르친다. 학교에서의 성적을 올리기 위해 노력하라고 요구하는 대신 다른 사람과 조금이라도 더 다른 일을 하라고 가르친다. 아무도 하지 않는 일을 하는 것은 곧 그 분야에서 자신이 일등이라는 의미이기도 하다.

성적만으로 우열을 가리는 학교 교육에서의 승자는 소수에 한정될 수밖에 없지만 학생 하나하나에서 그가 가진 남다른 개성을 찾는다면 모두가 승자가 될 수 있다. 그렇게 되면 각자 자신의 강점을 남의 강점과 공유할 수 있을 것이다.

그래서 그들은 무엇을 하든 자신의 관심 분야를 찾아 아무도 하지 않은 일을 하라고 한다. 그것이 성공 가능성도 높고 사회에 대한 기여도 높다는 것이다. 이웃집 아이와 똑같이 피아노를 가르치고, 유치원에 보내고, 일률적으로 평가되는 학교성적에서 다른 아이들보디 뛰어나기를 다그치는 우리나라 어머니들의 교육으로는 21세기가 필요로 하는 창의적인 인간을 길러 낼 수 없다.

대부분의 유대인들은 말을 잘한다. 어릴 적부터 토론을 즐기도록 훈련을 받은 탓이다. 유대인 속담에, "내성적인 아이는 배우지 못한다."라는 말이 있다. 집에서든 학교에서든 일방적인 주입식 교육이 아닌 대화를 통해서만 제대로 배울 수 있다는 의미이다.

유대인들이 성서 못지않게 아끼는 책이 《탈무드》이다.

《탈무드》란 BC 500년경에 엮은 유대인들의 지혜서로 수만 명의 랍비들이 다양한 주제를 놓고 토론한 내용이 담겨 있다. 그 내용 또한 율법이나 유대교에 국한되지 않는다. 과학, 천문학, 해부학, 보건위생, 법률, 윤리, 예절 등 사람이 살아가는 동안 접할 수 있는 거의 모든 분야에 대한 토론이 실려 있다.

유대인 아이들은 《탈무드》를 3살 때부터 읽기 시작한다. 이것을 읽는 동안 아이들은 한 가지 문제에 대해 여러 가지 답이 있을 수 있다는 것을 배운다. 그래서 유대인들에게는 "두 명이 모이면 세 가지 의견이 나온다."는 속담이 있다. 처음 두 사람의 의견과 토론에서 도출된 제3의 의견까지 합해서 세 가지 의견이 된다는 의미이다.

이것이 유대인 교육의 핵심이다. 유대인들의 그 어느 곳에도 정답이 하나뿐인 일방적인 주입식 교육은 찾아볼 수 없다.

그들은 유치원에서도 학교에서도 주입식으로 가르치지 않는다. 아이들에게 질문을 하게 하고 토론을 하게 한다. 그것이 합리적 사고를 기르는 데에 가장 효과적이라는 판단에서이다.

토론과 논쟁을 중요시하는 이스라엘의 교육은 '헤브루타식 교육'이라는 별명을 얻을 정도로 유명하다. 헤브루타라는 말은 스파르타와 헤브류가 결합된 표현이다. 그만큼 교육의 강도가 높다는 뜻이다.

그들은 토론과 논쟁만이 아이들의 사고를 합리적으로 기를 수 있다고 믿는다. 헤브루타식 교육은 유치원부터 대학 교육에 이르기까지 변함이 없다.

이스라엘 사람들이 우리나라에 오면 처음에는 학부모들의 높은 교육열에 놀란다고 한다. 그러다가 그 교육이라는 것이 기껏 앵무새를 키우는 교육이라는 걸 알고는 다시 한 번 놀란다. 그들은 아이들의 숙제까지 엄마가 대신해주는 것을 보고는 말을 잇지 못한다. 대한민국 어머니들의 교육 방식은 아이의 창의력을 철저히 망가뜨리는 아주 훌륭한 방법이라는 것이다.

이스라엘에서는 아이가 모르는 게 있어도 쉽게 정답을 가르쳐주지 않는다. 대신 생각하는 방법을 가르쳐준다.

우리나라에 재직했던 전임 아셀 나임 대사는 자신이 쓴 책,《IQ 100의 천재, IQ 150의 바보》에서 이스라엘과 우리나라의 교육을 비교하고 있다. 이스라엘에서는 IQ 100짜리 범재도 영재로 길러내는데 비해 우리나라 교육에서는 IQ 150의 천재도 바보로 만든다는 뼈아픈 지적이었다.

유대인들은 어려서부터 돈의 소중함에 대해 교육받는다. 나라 없이 세계를 떠돌던 그들에게는 돈만이 자신들을 보호할 수 있는 '무기'라는 것을 뼈저리게 느꼈던 것이다. 그래서 돈에 대한 철학이 여느 민족과 다르다.

유대인 어머니들은 아이가 갖고 싶어 하는 물건이 있으면 일주일을 기다리게 한다. 그래도 갖고 싶으면 다시 일주일을 더 기다리게 한다. 그래도 갖고 싶으면 다시 일주일을 더 기다리게 한 다음에 그것을 사준다. 돈이 없으면 아무리 갖고 싶어도 갖지 못한다는 것을 가르치기 위함이다. 유대인 어머니들은 아이에게 이렇게 질문한다.

- 돈이 없으면 얼마나 불행할까?
- 반대로 돈이 많이 있으면 얼마나 좋은 일을 할 수 있을까?

유대인 아이들은 어려서부터 위의 두 가지 경우에 대해 많은 이야기를 들으면서 자라난다. 그래서 아이들은 자연스럽게 자기만의 분명한 금전철학을 갖게 된다.

그렇다고 돈 버는 것만 가르치지는 않는다. 돈을 많이 벌되, 돈의 노예가 되지 말라 그리고 돈을 많이 벌면 반드시 적선을 하라고 가르친다. 유대민족은 이것을 어려서부터 실천적으로 가르치는 것이다.

역시 유대계였던 석유왕 록펠러는 아들과 손자들에게 금전 교육을 철저히 시킨 사람으로 유명하다. 맨해튼 은행장이었던 데이비드는 할아버지 록펠러가 자신에게 어떻게 금전 교육을 시켰는지를 늘 자랑스럽게 이야기하고 다녔다.

그는 어렸을 때 할아버지로부터 용돈으로 주급 25센트를 받았다. 손자에게 용돈을 주면서 할아버지는 반드시 두 가지를 지킬 것을 강조했다. 용돈의 10%는 십일조를 하고 10%는 자선사업에 쓰라는 조건이었다. 그리고 주말이면 어김없이 돈의 사용 내역을 할아버지와 결산해야 했다. 올바르게 사용했으면 용돈을 5센트 올려주고 잘못 사용했으면 사정없이 5센트를 깎았다.

　그래서인지 유대계 부자들은 유난히 기부를 많이 한다. 록펠러가 그러했고 유럽의 명문 로스차일드가 그러했고 금융계의 거물 조지 소로스가 그러하고 빌 게이츠가 그러하다.

상술의 달인
유대인

세계적으로 유대인과 중국인이 장사에 가장 밝다고 알려져 있다.

한 가지 일화를 들어보자.

한 일본인 화상畵商이 파리를 여행하던 중 유대인이 운영하는 화랑에 들러 유명 화가가 그린 동일한 그림 두 장을 발견했다. 가격을 물으니 200만 엔이라고 했다. 일본으로 가져가면 장사가 되겠다고 생각한 그 일본인은 그림 두 장을 다 사겠으니 좀 깎아 달라고 말했다. 그러자 그 유대인 화상은 오히려 더 높은 가격인 500만 엔을 요구했다.

두 장을 사는데 깎아 주지는 못할망정 더 많이 달라는 게 말이 되느냐고 따지자 그 유대인은 이렇게 말했다.

"당신이 200만 엔에 한 장을 사가면 남은 한 장은 희소가치가 적용되기 때문에 300만 엔을 받을 수 있소."

그래서 한 장을 사면 200만 엔, 두 장을 다 사면 500만 엔이 된다는 논리였다. 유대인의 상술을 엿볼 수 있는 대목이다.

유대인은 돈 못지않게 시간 또한 아까워한다. 가게에서 물건 값을 흥정하느라 밀고 당기는 시간이 아깝다는 것이다. 그러한 시간을 절약할 방법이 없을까 하다가 생각해낸 것이 정찰제로 물건을 파는 백화점이었다고 한다.

빌 게이츠, 하버드 대학 졸업 연설문

내가 캠퍼스를 떠날 적엔 이 나라의 수백만의 젊은이들이

배울 기회를 박탈당하고 있다는 것을 알지 못했습니다.

그리고 개발도상국의 수많은 사람들이 이루 말할 수 없는

가난과 질병으로 고통받고 있는지도 알지 못했습니다.

나는 이런 사실을 알게 되는데 수십 년이 걸렸습니다.

하지만 졸업생 여러분들은 훨씬 좋은 시대에 살고 있습니다.

나의 대학 시절엔 없었던 온갖 과학기술을 누리고 있지요.

나는 알지 못했던, 사회적 불평등에 대해서도 많이 배웠고요.

여러분에게는 이러한 지식 외에도

작은 노력으로 다른 사람을 도울 수 있는데도 그러지 않고 내버려 둘 때

고통받을 '양심'이라는 것이 있으리라 생각됩니다.

여러분이 아는 것을 아는데 행하지 못할 일이 뭐가 있겠습니까?

여러분도 30년 뒤에 하버드로 돌아와서

여러분의 재능과 열정으로 이루어냈을 일들을 반추해보셨으면 합니다.

다만 여러분이 이루어낸 직업적 성과만이 아닌,

이 세상의 뿌리 깊은 불평등을 얼마나 해소했는지,

인간성 외에는 여러분과 어떠한 공통점도 갖지 못한 소외된 이웃에게

어떻게 봉사하여 왔는지를 통해 스스로를 평가해볼 수 있길 바랍니다.

행운을 빕니다.

무한 세계로의 초대,
상상력과 창의력을 훈련하라

대학이나 기업체에 있는 사람들의 이야기를 들으면 실소를 금치 못한다. 대학 입시에서의 논술이나 기업체 입사 시에 제출하는 자기소개서가 모두 똑같다고 한다. 학원에서 만들어주는 정답을 달달 외우기 때문이다. 우리나라 학생들의 상상력, 창의력이 세계 꼴찌라는 것은 잘 알려진 사실이다.

혹여 이렇게 반문할지도 모른다. 상상력, 창의력이 뭔지는 모르겠으나, 붕어빵 교육만 받고도 이 정도 경제성장을 하지 않았느냐고, 이만큼 잘 살게 되지 않았느냐고. 그리고 미국의 오바마 대통령도 한국식 교육을 부러워하지 않느냐고.

어느 정도는 맞는 말이다. 20세기 산업사회까지는 미국, 일본에서 만든 것을 카피해서 조금 싼 가격에 세계시장에 내다 팔면 먹고 살 수가 있었다. 그러나 21세기 디지털 세계, 정보화 세계, 콘텐츠가 지배하는 세계에서는 붕어빵 교육으로는 살아남을 수가 없다.

우리가 지금까지 학교에서 배운 교육은 정답이 하나뿐인 교육이었다. 나는 우리 사회가 첨예한 이념대립에서 허우적거리는 것도 교육에서 다양한 사고를 길러주지 못했기 때문이라고 생각한다. 21세기는 단일화된 사고가 아닌 창의적인 사고, 다양한 사고를 요구한다.

"지식은 제한적이지만 상상력은 세계를 품어 안는다."

아인슈타인의 말이다.

우리가 초, 중, 고교를 다니는 동안에 배우는 지식은 첨단 CD 한 장에 모두 담을 수 있다. 이제 그런 지식은 별반 쓸모가 없다. 상상은 가능성의 세계이며 열린 세계이다. 아이들이 상상력, 창의력을 키우는 가장 좋은 방법은 사고가 형성되는 유년 시절에 마음껏 놀고, 다양한 체험을 하고, 다양한 분야의 독서를 많이 하는 것이다.

그런 의미에서 신화는 상상력의 보고이다. 신들의 탄생과 사랑, 질투는 인간 세상의 가능성을 축소해놓은 이야기들이다. 그리스 신화에 나오는 신들은 전지전능하지도 않고 절대적이지도 않다. 그들은 인간과 똑같은 욕망을 가지고 사랑하고 질투하고 증오하며 싸운다. 그래서 신화를 인간 세상의 축소판이라고 한다.

　신화는 문학과 예술에 영감을 주고 예술은 다시 창의력과 상상력의 원천이 된다. 그래서인지 창의적인 CEO들 중에는 예술 애호가가 많다. 상상력의 귀재로 알려진 애플의 스티브 잡스는 틈이 나면 영국의 낭만파 시인 윌리엄 블레이크의 시詩를 읊조리는 것으로 유명하며, 빌 게이츠는 미술품과 골동품 수집이 취미로 알려졌다. 시와 음악과 미술, 공연은 세상을 다른 각도에서 볼 수 있는 시각perspective을 제공해준다.

　창조경영, 그것은 곧 예술적인 발상이라고 믿기 때문이다.

 수렴적 질문 NO, 확산적 질문 YES

정답이 하나뿐인 사고를 닫힌 사고라고 정의한다면 열린 사고를 지향하는 상상력이나 창의력의 세계에서는 여러 개의 정답이 존재할 것이다. 아니, 정답이 없을 수도 있다. 열린 사고를 지향하자. 자라는 아이들에게 다양한 사고를 길러 무한한 가능성을 열어주라는 것이다. 예컨대 디자인에 무슨 정답이 있겠는가.

　이렇듯 정답이 여러 개이거나 때론 정답이 없는 질문은 아이의 상상력 발달에 도움이 된다. 교육학에서는 정답이 하나뿐인 질문을 수렴적 질문, 정답이 없는 주관적인 질문을 확산적 질문으로 정의한다. 수렴적 질문은 과거의 경험이나 단편적인 지식을 묻는 반면 확산적 질문은 미래의 가능성을 묻는다. 아이들에게는 수렴적 질문 대신 확산적 질문을 해야 한다.

- 선생님 말씀 잘 들었니?

- 지각하지 않았니?

- 새로운 짝꿍이 마음에 들어?

확산적 질문

- 인형에 핑크빛 옷을 입히면 더 예쁘지 않을까?

- 사이다와 콜라를 섞으면 어떤 맛이 날까? 우리 한번 해볼까?

- 물은 진짜로 100°에서 끓을까? 우리 한번 해볼까?

- 비오는 날은 나무들이 왜 가지를 흔들까? 비가 오니 좋아서 그럴까?

- 닭은 어떻게 시간을 알고 날이 새는 것을 알려줄까?

- 결혼하는 신부는 왜 하얀 드레스를 입을까?

우리가 문학작품을 읽을 때는 주인공의 모습과 성격, 그가 처한 상황을 상상하면서 읽는다. 한 권의 문학 속에 이 세상에는 존재하지 않는 또 하나의 세계가 전개되는 셈이다. 그렇게 축적된 기억들은 상상력의 원천이 된다.

한 그루의 나무가 있다. 이것을 나무로만 보면 상상력이 스며들 공간은 없다. 나무의 푸른 잎에서, 비바람 맞으며 흔들리는 모습에서 생명력을 느끼고, 그 나무 그늘 아래서 쉬어간 사람들의 흔적을 느낄 때 상상력이 꽃피기 시작하는 것이다.

프랑스의 비평가 바슐라르는 상상력을 이렇게 정의하고 있다.

"상상력이란 이미지를 형성하는 능력이다. 고정된 이미지가 아 닌, 자유롭게 변형될 수 있는 이미지를 그릴 수 있는 능력이다. 그 것은 지금 이 세계가 아닌 다른 이미지 속으로 우리를 해방시키는 힘이다."

우리가 일상생활에서 접하는 사물들은 거의가 지각된 사물들이 다. '이것은 연필이며 이런 용도로 사용한다.' 는 식으로 그 사물에 대한 생각이 굳어져 있다. 이 굳어진 껍질을 깨뜨리는 것이 상상 력이다.

상상력을 방해하는 가장 큰 요소는 붕어빵 교육이다. 우리가 붕 어빵 교육에 매달리는 가장 큰 이유는 다른 아이와 직접적으로 비 교가 되기 때문이다. 1등부터 꼴찌까지 투명하게 비교되는 교육 에서 옆집 아이가 과외를 하니 우리 아이도 해야 하고, 피아노, 미 술학원에 가니 우리 아이도 보내야 한다. 동일한 기준으로 아이들 을 평가하기 때문이다. 이래서는 1등 한 명을 제외한 다른 아이들 은 모두 가치를 인정받지 못한다.

그러나 이제 선택의 폭이 넓어졌다. 지금 사회는 어느 한 가지만 확실하게 잘하면 살아갈 수 있는 세상이다. 모두가 살 수 있는 방 법은 내 아이가 옆집 아이와 다르게 자라는 것이다. 그것이 곧, 모 두가 살 수 있는 상생의 길이다. 기업의 경쟁 방법을 가르치는 두 터운 마케팅 책을 한 권 다 읽어봐야 핵심은 단 한 가지뿐이다.

그것은 '남과 다르게 하라' 는 것이다.

 ## 상상 훈련 1_프랑스 유치원의 상상력 훈련

프랑스 유치원에서의 상상력 훈련을 보자. 프랑스에 살다가 귀국한 한 문인이 쓴 글의 내용이다. 하루는 그곳에서 유치원에 다니는 아이의 교실을 가봤더니 벽에 아이들이 그린 그림이 잔뜩 걸려 있었다고 한다. 어디서 많이 본 그림이다 싶어 자세히 살펴봤더니 뭉크라는 화가가 그린 '절규'라는 제목의 그림이었다. 남자가 무언가 절규하고 있는 모습의 그림이다. 그러니 색깔은 모두가 제멋대로였다.

알고 보니 교사가 그림의 형태만 흑백으로 복사해서 아이들에게 나누어 주고 색깔은 마음대로 칠하게 했다는 것이었다. 그러니 색깔이 다양할 수밖에. 좀 더 특이한 것은 각각의 그림에는 자동차나 벌레, 귀신, 뱀, 외계인, 총 등 다양한 그림이 하나씩 덧붙여져 있었다. 그것은 "이 사람이 무엇을 무서워하고 있는지, 그것을 그려보세요."라는 유치원 교사의 질문에 대한 아이들의 답이었다. 이것이 바로 상상력 교육이다.

그는 그곳에서 딸아이가 바이올린을 배우고 싶다고 해서 방과 후 음악학원에 보냈다. 그런데 음악학원에서는 1년이 다 되도록 청음 교육만 시켰다. 그러다가 한국에 귀국해서 음악학원에 보냈더니 1주일 내내 공책에 음계를 수백 번 써오라는 숙제를 냈다. 딸아이는 울면서 학원에 가지 않겠다고 떼를 썼고 결국 학원을 그만두게 되었다. 그후로 딸아이는 음악이나 악기라면 진저리를 치게 되었다고 한다.

이 사람이
무서워하는 건
무엇일까?

푸른 하늘을 날고 싶어 하는 새를 좁은 새장에 가두어두고 있는 것이 우리나라 교육의 현실이다. 21세기는 상상력의 시대이다. 뛰어난 상상력, 콘텐츠 하나가 자동차 수십만 대를 생산하는 공장의 부가가치를 훌쩍 뛰어넘는 시대인 것이다. 아이들에게 무한한 상상력을 길러주기 위해서는 하나가 아닌 다양한 답이 나올 수 있는 사고를 길러주어야 한다.

상상력 훈련에 도움이 되는 놀이로는 정답이 여러 개 있거나 정답이 없는 놀이가 좋다. 그림은 정답이 없는 가장 전형적인 놀이이다. 같은 나무를 그리더라도 모양, 크기, 색깔을 마음대로 할 수 있기 때문이다. 점토놀이, 종이접기, 블록 쌓기 등이 모두 이 범주에 속한다.

경기도 파주의 검산 초등학교, 이곳은 창의력 모범학교로 지정된 곳이다. 수업시간, 교사는 아이들에게 '엄마는 ＿＿＿＿다.' 라는 제시문을 던진다. 교사가 주입식으로 가르치면 아이들은 입을 닫지만 위의 제시문처럼 ＿＿＿＿에 들어갈 적당한 말을 찾으라는 식으로 학생들의 참여를 유도하면 아이들은 아주 재미있게 수업에 참여한다.

한 아이가 "엄마는 사랑이다."라고 하자 옆 아이는 "엄마는 시계다."라고 받는다. 왜 시계냐고 물으니 "아침마다 정확히 깨워주니까!"라고 답한다. 교실엔 아이들의 웃음이 넘친다. 그 외에 '엄마는 용돈이다', '엄마는 집이다' 등의 답들이 이어지면서 아이들의 얼굴에는 환한 웃음이 번진다. 이 학교는 2003년에 창의력 시범학

교로 지정된 이래 크고 작은 국제대회에서 일곱 번이나 상을 받았
다. 1~3학년은 놀이 위주로, 4~6학년은 토론 위주로 수업을 진
행한다.

 ## 상상 훈련 2_지금은 하이브리드(Hybrid) 시대

하이브리드Hybrid란 특정한 목표를 달성하기 위해 두 가지 이상의
이질적인 요소들이 접합된 형태를 가리키는 말이다. 생물학적으
로는 '잡종' 정도의 의미이다. 자동차에서 사용되는 하이브리드
카는 전기와 가솔린을 함께 연료로 사용하는 차를 가리킨다.

지금은 하이브리드 시대이다. 이질적인 문화가 섞여 새로운 문
화를 만들어내고, 이질적인 예술이 결합하여 새로운 예술의 경지
를 열고 있다. 요즘 화제가 되고 있는 일본 작가 하루키의 소설
《1Q84》 같은 경우는 현실 세계와 공상과학을 넘나드는 전형적인
하이브리드 문학이다.

이질적인 두 가지 이상의 요소가 섞이면 새로운 것을 만들어낸
다. 이것은 창의력, 상상력 훈련에서는 '덧셈' 방식으로 불린다.
다양한 사물을 더하여 새로운 것을 만들어내는 상상력 훈련이다.
연필에다 지우개를 매달면 지우개 달린 연필이 된다. 지금에서야
흔한 것이지만 처음 이것을 발명한 사람은 발명특허사상 가장 많
은 돈을 벌었다.

- 자전거에다 엔진을 달면 오토바이가 된다.
- 자전거 앞쪽에 전구를 달면 헤드라이트가 된다.
- 못에다 빗금을 그으면 나사못이 되고, 못대가리에 +를 그으면 십
  자못이 된다.
- 드라이버 끝에다 자석을 입히면 자석 드라이버가 된다.

다음의 두 단어로 문장을 만들어보지.

- 아이스크림, 겨울 : 겨울밤에 먹는 아이스크림이 참 맛있다.
- 소나무, 배 : 소나무를 베어서 널빤지로 만든 다음, 그것을 이어서
  배를 만든다.
- 송아지, 닭 : 개와 닭은 싸우는데 송아지와 닭은 왜 싸우지 않을까?

상상 훈련 3_브레인스토밍(Brain Storming)

브레인스토밍은 다수의 사람들이 모여 자유롭게 아이디어를 만들어내는 집단 사고방식이다. 일단 많은 아이디어를 모으면 그 중에서 쓸 만한 아이디어가 나온다는 것이 이론적 배경이다.

첫 번째 단계이자 가장 중요한 것은 아이디어를 많이 내는 것이다. 그러기 위해서는 다른 사람의 의견을 비판하면 안 된다. 누군가 고양이 목에 방울을 달자고 해도 일단은 아이디어로 받아들이라는 것이다. 실행 가능성을 따지는 것은 그 다음 단계이다.

다수의 아이디어가 나오면 검토 단계를 거친다.

이런 검토 단계를 거쳐서 아이디어를 확정하는 것이다. 광고, 마케팅 전략이나 공모전 등에서는 브레인스토밍을 통한 아이디어 창출이 유용한 방법으로 활용되고 있다.

미국 히트상품 중에 감자칩 브랜드 '프링글스'가 있다. 독특한 프링글스의 디자인은 브레인스토밍에서 나온 아이디어이다. 감자칩에 아이들이 좋아하는 각종 그림을 그려 넣자는 것이었다. 처음 그 아이디어가 나왔을 때 그 많은 감자칩에 어떻게 일일이 그림을 그려 넣느냐는 비판이 있었다면 지금의 프링글스는 없었을 것이다. 가능성 검토는 그 다음 단계이다. 그들은 결국 식용잉크 분무기로 그림을 그려 넣는 방식으로 문제를 해결하여 공전의 히트를 기록하였다.

브레인스토밍 작업은 보통 3명 이상의 다수가 참여하는 방식으로 진행되지만 굳이 형식 절차에 구애받지 않아도 된다. 혼자서도 얼마든지 할 수 있다. 하나의 문제가 있다고 하자. 좀 더 구체적으로 '수학 성적 향상'을 테마로 설정했다고 하자.

혼자서 커다란 종이를 펼쳐놓고 생각나는 대로 적어보자.

- 수학공부 시간을 1시간 더 늘린다.

- 하루 10문제씩 풀어본다.

- 오답노트를 한 권 만든다.

- 수학만은 꼭 예습한다.

- 매일 질문거리를 3개씩 만들어 수업에 임한다.

- 틀렸던 수학문제를 하나씩 생각하면서 잠자리에 든다.

- 공부방 벽에 수학공식을 가득 적어서 붙인다.

이것은 부모와 자녀 사이에서도 유용한 방법이다. 집중력이 떨어지는 아이라면 '집중력 향상'을 과제로 걸고 부모님과 도란도란 대화를 나누면서 아이디어를 모으는 것이다. 이렇게 공동작업으로 아이디어를 모으면 실행 가능성이 훨씬 높아진다. 자신이 참여의 주체가 되기 때문이다.

상상 훈련 4_자문자답으로 풀어보는 실전 두뇌 훈련

두뇌계발은 생각하는 시간과 비례한다. 다른 과목도 비슷하겠지만 특히 수학, 과학이 그러하다. 늘 책상머리에 수학문제를 몇 개 정도 붙여두고 아침저녁으로, 등하교 시에 머릿속에서 풀이하는 것이다. 화장실에도 한두 개 붙여두면 좋다. 머릿속으로 푸는 수학문제, 이것은 두뇌회전에 가장 좋은 방법이다. 하루 한두 문제 정도만 머릿속에서 풀이해도 큰 공부가 된다.

아이디어가
꼬리를 물면
그 아이디어는
보물이 된다.
IDEA
IDEA
IDEA
IDEA
IDEA
IDEA

수학, 그 중에서도 기하학이나 확률문제 같은 경우가 생각을 가장 많이 하게 한다. 기하학은 사회에 나오면 아무 쓸모가 없는 것처럼 느껴지지만 사실은 그렇지 않다. 수학은 설득의 학문이다. 기하학의 논증과 증명은 상대방을 꼼짝 못하게 만드는 논리체계이다. 그래서 서양에서는 기하학을 제왕의 학문이라고 부른다.

확률은 일상생활이다. 우리의 생활 자체가 확률이다. 세상을 살아가는 한 항시 필요한 개념이 확률인 것이다.

논술은 정답이 없는 문제를 많이 연습하는 것이 중요하다. 정답이 없기에 많은 사색의 시간을 필요로 하고 어느 주장이든 일관되게 자신의 논리를 펼칠 수 있는 훈련이 높은 점수를 받게 한다.

❓ 문제

어떤 사람이 고리대금업자에게 돈을 빌려갔다가 갚지 못하게 되었다. 대금업자는 당장 돈을 갚지 않으면 그를 감옥에 보내겠다고 협박했다. 옛날에는 민, 형사 구분이 되지 않아서 돈을 갚지 못해도 감옥에 갔다. 아버지를 감옥에 보내게 될 처지가 되자 딸이 사정을 해보기로 했다. 딸은 고리대금업자를 찾아가 사정을 해보지만 먹히지 않았다.

한편, 고리대금업자는 아름다운 딸의 모습에 흑심이 생겨서 딸에게 아버지의 빚을 면해줄 테니 내기를 하자고 제의했다. 그는 내기에 이기면 물론이고 져도 빚은 면제해주겠다고 하였다. 다만 질 경우에는 자신과 결혼을 해야 한다는 조건이었다. 내기에 응하지 않으면 아버지는 감옥에 가야 한다.

내기는 헝겊주머니에 흰 돌과 검은 돌 두 개의 조약돌을 집어넣은 다음 그 중 하나를 꺼내어 흰 돌이면 딸이 이기고, 검은 돌이면 고리대금업자가 이기는 게임이었다. 엉큼한 고리대금업자는 돌아서서 정원 바닥에 있는 검은 조약돌만 두 개를 주머니에 집어넣으면서 딸에게 하나를 꺼내라고 말했다. 딸은 어떻게 해야 할까?

! 풀이

내기를 해서 흰 돌을 꺼낼 가능성은 전혀 없다. 그렇다고 내기를 않거나 속임수를 썼다고 경찰에 고발한다면 아버지는 감옥에 가야 한다. 내기에 응하는 한 아름다운 딸은 고리대금업자와 결혼을 해야 한다.

이런 유형의 문제는 연역적, 논리적 사고로 접근해서는 풀리지 않는다. 꺼내는 것에 집착하지 말고 주머니 안에 '남아 있는 것'에 주목해보자.

하나를 꺼내면 주머니에도 하나가 남는다. 주머니에 남은 돌이 검은 돌이면 내가 꺼낸 것은 '흰 돌'이 된다는 것이다. 그래서 일단 돌 하나를 떨리는 손으로 꺼내는 척 하다가 바닥에 떨어뜨린다. 그리고는 바닥에 있는 돌과 섞어 버리고 이렇게 말하는 것이다.

"어머, 제가 너무 긴장한 나머지 돌을 그만 떨어뜨리고 말았네요. 제가 꺼낸 돌은 무엇인지 모르지만 주머니에 남아 있는 돌을 보면 알 수 있겠군요!"

그러면서 얼른 주머니에 있는 남은 돌을 꺼내라는 것이다. 물론 주머니에는 검은 돌이 남아 있다. 그러면 이렇게 말하라는 것이다.
"검은 돌이 남은 걸 보니 제가 꺼낸 돌은 흰 돌이 분명하군요!"
이렇듯 기존의 논리적 체계, 고정관념을 깨뜨려 문제에 접근하는 방식을 수평적인 사고라고 부른다.

? 문제

수요일에 비가오지 않을 확률은 얼마인가?

비가 온 다음날 다시 비가 내릴 확률은 $\frac{1}{2}$이다. 비가 오지 않은 날의 다음날 비가 내릴 확률은 $\frac{1}{3}$이다. 월요일에 비가 왔을 때, 같은 주 수요일에 비가 오지 않을 확률은 얼마인가?

! 풀이

수요일에 비가 오지 않을 경우의 수를 모두 더하면 된다. 수요일에 비가 오지 않을 경우는 ① 화요일에도 맑고, 수요일에도 맑은 경우와 ② 화요일에는 비가 오고, 수요일에 맑을 경우 두 가지이다. 이 두 가지 경우를 모두 더하면 같은 주 월요일에는 비가 오고 수요일에는 오지 않을 확률을 구할 수 있다.

화, 수요일이 모두 맑은 경우$(\frac{1}{2} \times \frac{2}{3})$ + 화요일에는 비, 수요일엔 맑을 경우$(\frac{1}{2} \times \frac{1}{2}) = \frac{7}{12}$

답은 $\frac{7}{12}$이다.

❓ 문제

"?" 자리에 들어갈 숫자는 무엇일까?

다음은 일정한 법칙에 의해 나열된 숫자들이다. ?자리에 들어갈
숫자는 무엇일까?

$$
\begin{array}{ccccc}
1 & 2 & 3 & 4 & 5 \\
4 & 3 & 2 & 1 & 0 \\
1 & 8 & 9 & 4 & ?
\end{array}
$$

❗ 풀이

이런 유형의 문제는 첫째 줄과 둘째 줄의 관계에 유의해야 한다. 1
과 4를 이용하여 '1'이 될 수 있는 방법, 2와 3을 이용하여 '8'이
될 수 있는 방법, 그게 정답이다. $1^4=1$, $2^3=8$이 된다. 그러면
$5^0=1$이다. 정답은 1이다.

❓ 문제 (서울대 논술문제)

HIV 보균자일 확률은 얼마인가?

에이즈를 야기하는 바이러스HIV의 발병률이 0.1%라고 하자. 한
과학자가 HIV 보균자를 검사할 수 있는 방법을 개발하였다. 양성
반응이 나오면 보균자로, 음성 반응이 나오면 비보균자로 진단한
다. 그러나 이 검사는 완벽하지 않다. 실제 HIV 보균자는 100%

양성으로 나오지만 비보균자 중에서도 5%는 양성으로 나올 수 있다.

어떤 사람의 검사 결과가 양성으로 나왔을 때 이 사람이 HIV 보균자일 확률은 얼마인가?

! 풀이

우선 학생들의 대답이 어떤 유형으로 나타나는지 살펴보자. 학생들의 대답은 다음의 세 가지로 나누어졌다.

- A : 틀릴 확률이 5%라면 맞을 확률은 95%, 따라서 양성 반응이 나온 이 사람의 감염 확률은 95%이다.
- B : 1,000명당 1명 감염이므로 무작위로 추출한 한 명의 감염 확률은 0.1%이다.
- C : 양성 반응이 나오는 경우는 ① 실제로 감염이 되어서 양성 반응이 나오는 경우와 ② 감염되지 않았음에도 양성 반응이 나오는 경우 등 2가지의 경우가 있을 수 있다. ①의 경우는 확률이 0.1%이므로 단 1명뿐이다. ②의 경우는 실제 감염자 1명을 제외한 999명의 5%가 양성으로 나올 수 있으며, 그 숫자는 49.95명이다. 따라서 양성 반응이 나올 수 있는 사람의 수는 실제 감염자 1명을 포함해서 50.95명이 된다. 따라서 50.95명 중 단 1명만이 실제 감염자이므로 그 확률은 1.962%이다.

실제 학생들의 답안을 보면 절반 정도가 95%라고 대답했으며, 그 다음이 0.1%였다. 정답을 맞춘 사람은 아주 소수였다고 한다.

? 문제

A, B 두 나라가 전투기를 동원한 공중전을 벌이고 있다. A국에서 동원한 전투기는 5대, B국에서 동원한 전투기는 3대였다. 어느 한 편의 전투기가 모두 격추될 때까지 공중전을 계속한다면 어느 편의 전투기가 몇 대 살아남을까? 단, 양국의 전투기 성능이나 조종사의 능력은 같다고 가정한다

! 풀이

그 유명한 란체스터의 법칙이다. 아인슈타인의 상대성 이론이 우주의 질서를 밝힌 것이라면 란체스터의 법칙은 세상 싸움의 이치를 밝힌 법칙이다. F. W. 란체스터 Fredric William Lanchester 는 제1, 2차 세계대전 기간 동안에 살았던 영국의 수학자, 과학자였다. 란체스터의 법칙은 세상사 싸움에서 힘의 이치를 정의한 법칙이다.

대부분의 사람들은 이 문제를 보는 순간 A가 승리하며, A의 남은 전투기는 3대라고 단정한다. 5대와 3대의 차이만 본 것이다. 그러나 확률 게임이 되면 싸움의 양상은 사뭇 달라진다. 란체스터의 법칙이 중요한 이유는 바로 우리가 살아가는 세상의 이치를 다루고 있기 때문이다.

기업의 경쟁원리도 바로 이 법칙에 의해 승패가 갈라진다.

A국의 전투기	B국의 전투기
A1	B1
A2	
A3	B2
A4	
A5	B3

먼저, A측의 피격 가능성을 보자. A1이 B1으로부터 피격을 받아 격추될 확률은 $\frac{1}{5}$이다. 왜냐하면 B측의 모든 전투기들은 A측 전투기들이 사정권에 들어오는 순간 5대 중 한 대를 겨냥하여 미사일을 발사할 것이기 때문이다. A1은 B2, B3로부터도 동일한 확률의 피격 가능성을 가지고 있다. 따라서 A1이 적의 전투기로부터 피격당할 확률은 모두 $\frac{1}{5} \times 3$으로 $\frac{3}{5}$이 된다. 이는 A1 뿐 아니라 A측의 모든 전투기들이 동일한 확률의 피격 가능성을 안고 싸우게 된다.

다음, B측의 피격 가능성을 보자. B1이 A1으로부터 피격될 확률은 $\frac{1}{3}$이다. 왜냐하면 A1은 B국의 전투기 3대 중 한 대를 겨냥하여 미사일을 발사할 것이기 때문이다. B1은 A1 뿐 아니라 A국의 전투기 5대로부터 동일한 피격 가능성을 안게 된다. 따라서 B1의 피격 확률은 $\frac{1}{3} \times 5$로 $\frac{5}{3}$가 된다. 이는 B1 뿐 아니라 B측의 모든 전투기들이 동일한 확률의 피격 가능성을 안고 싸우게 된다.

결국 A, B국 전투기들의 피격 가능성은 $\frac{3}{5} : \frac{5}{3}$, 분모를 통분하면 $\frac{9}{15} : \frac{25}{15}$가 된다. 양측 분모를 소거하면 A : B의 피격 가능성은 9 : 25가 된다. 반대로, A : B의 피격 가능성이 9 : 25이면 A : B의 생존 가능성은 그 역인 25 : 9가 될 것이다. 즉 생존 확률은 전력에 비례하는 것이 아니라, 전력의 제곱에 비례하게 된다는 사실이다. 여기서 B측의 전투기가 모두 격추될 때까지 싸운다면 남은 전력은 양측에서 '9'를 뺀 수치와 일치하게 될 것이다.

A : B의 남은 전력비＝(25-9) : (9-9)＝16 : 0이 된다. 즉 B측 전투기 모두가 격추되어도 A측의 전투력은 16이 남는다. 남은 전투력을 비행기 대수로 환원하기 위해 16에 루트를 씌우면 정확하게 4대가 살아남는다.

❓문제

파스칼은 수학, 과학, 문학, 철학 등 여러 분야에서 천재성을 보였다. 그가 수학적 재능을 꽃피울 무렵 그는 불의의 마차사고로 죽음 직전까지 갔었다. 그 이후로 파스칼은 철학적 신비주의에 빠지게 된다. 명상록 《팡새》를 쓴 것도 그 때문이었다. 파스칼이 한창 명성을 떨칠 무렵 어느 도박사가 그에게 편지를 보내왔다. 도박에 관한 문제를 좀 풀어달라는 부탁이었다.

"갑, 을 두 사람이 32피스톨씩을 걸고서 내기를 했다네. 3번을 이기는 사람이 64피스톨을 모두 갖기로 하는 게임이었지. 갑이 먼저

2판을 이기고, 을이 1판을 이겼을 때 그 중 한 사람이 갑자기 몸이 아파서 내기를 이을 수가 없게 되었다네. 이 경우 돈은 어떻게 나누면 되겠는가? 갑이 두 판, 을이 한 판을 이겼으니 64피스톨을 3으로 나누어 갑이 두 몫을, 을이 한 몫을 가지면 되겠으나 64라는 숫자가 3으로 나누어지지 않으니, 그게 문제네. 꼭 좀 도와주게나. 자네라면 풀 수 있을 것 같아서 말이네.”

파스칼은 이 문제에 대한 해답을 보내면서 확률의 기초적인 개념을 다듬은 것으로 알려졌다. 이 문제에서는 내기를 계속한다고 가정할 경우 갑, 을이 이길 확률을 구하면 된다.

! 산술적 풀이

갑이 이길 확률 : 갑은 을이 두 판을 이기기 전에 한 판만 이기면 된다. 갑이 한 판을 이기는 방법은 두 가지이다. 4번째 판에서 이기거나, 4번째 판을 지고 나서 5번째 판에서 이기는 경우이다. 4번째 판에서 이길 확률은 $\frac{1}{2}$, 4번째 판을 지고 5번째 판에서 이길 확률은 $\frac{1}{2} \times \frac{1}{2}$이다. 이 둘을 합하면 갑이 최종적으로 이길 확률은 $\frac{3}{4}$이 된다.

을이 이길 확률 : 을이 이길 확률은 1에서 갑이 이길 확률을 빼면 된다. $1 - \frac{3}{4} = \frac{1}{4}$이다.

따라서 판돈을 3 : 1로 나누면 갑 : 을 = 48 : 16이 된다.

! 수학적 풀이

실제로 위와 같은 풀이는 좀 번거롭다. 좀 더 간단하게 풀이해보자. 갑이 이길 확률은 전체 '1'에서 을이 이길 확률을 빼면 된다. 을이 이기려면 잇따라 두 판을 이겨야 하므로 그 확률은 $\frac{1}{2} \times \frac{1}{2}$이 되어 $\frac{1}{4}$, 갑이 이길 확률은 $1 - \frac{1}{4}$로 $\frac{3}{4}$이 된다. 전체 64를 4:3으로 나누면 48:16이 된다.

? 문제

12세기 말에 살았던 이탈리아의 수학자 피보나치, 그는 자연 속에 숨겨진 숫자의 비밀을 찾아낸 사람이다. 자연은 어떤 숫자적 비밀을 간직하고 있을까?

가장 자연스러운 나무를 보자. 어린 묘목 한 그루를 심는다. 2년이 지나 성년이 되면 매년 새로운 가지를 하나씩 친다. 새로 태어난 가지 역시 2년이 지나면 매년 새로운 가지를 하나씩 친다. 이랬을 경우 n년 후 나뭇가지는 모두 몇 개가 될까 하는 문제이다.

이번에는 토끼의 번식 과정을 보자. 갓 태어난 토끼 한 쌍이 있다. 이들은 생후 2개월이 지나면 성년이 되어 그때부터 매월 한 쌍의 새끼를 낳는다. 새로 태어난 토끼들도 2개월이 지나면 매월 한 쌍의 새끼를 낳는다. 그렇다면 1년 후 토끼는 모두 몇 마리로 늘어나 있을까?

여기서 어떤 의미 있는 숫자의 배열이 나타난다면 자연계의 질서를 닮을 수밖에 없을 것이다. 이것이 피보나치의 수열이다. 소설 《다빈치 코드》에 나오는 숫자 역시 피보나치의 수열이다. 토끼의 사례를 가지고 이 문제에 접근해보자.

❗ 산술적 풀이

갓 태어난 한 쌍의 토끼는 처음 2개월 동안은 새끼를 낳지 않으므로 1개월과 2개월은 한 쌍 그대로이다. 따라서 수열의 처음 두 자리는 1, 1이다.

3개월이 되면 어미가 새끼 한 쌍을 낳을 것이므로 토끼는 모두 2쌍으로 늘어난다.

4개월째에는 어미가 다시 한 쌍의 새끼를 낳을 것이므로 토끼는 모두 3쌍이 된다.

5개월째에는 어미가 한 쌍, 처음 태어난 새끼도 두 달이 지났으므로 다시 한 쌍의 새끼를 낳을 것이므로 새로 태어난 토끼는 모두 2쌍, 토끼는 모두 5쌍으로 늘어난다.

이렇게 하여 1년 후에는 모두 144쌍으로 늘어난다. 이를 순서대로 배열하면 1, 1, 2, 3, 5, 8, 13, 21, 34, 55, 89, 144……가 된다. 이것이 피보나치의 수열이다.

! 수학적 풀이

이 문제를 산술적으로 접근하면 너무 번잡스러워진다. 조금 고급스럽게 접근해보자. 특정 달n번째 달에 a쌍의 토끼가 있었다고 하면 이들은 2개월 후인 n+2개월에는 모두 새끼를 낳을 것이다. n+2개월째 달의 토끼 숫자는 그 직전 달n+1 토끼 숫자이것을 'b' 라고 가정해보자에서 'a' 만큼 늘어난 숫자이다. 따라서 n+2개월째 달의 토끼는 a+b가 된다n+2=a+b.

다시 말해 특정 달의 토끼 숫자는 그 이전 두 달의 토끼 숫자를 합친 것과 같아진다는 것이다.

! 그림풀이

이번에는 그림으로 접근해보자. 가로줄이 쳐진 노트를 꺼내어 나무 한 그루를 세로로 길게 그려 넣는다. 가로 줄 하나가 1년씩을 나타낸다. 이 나무는 3년째부터 매년 새로운 가지를 낼 것이므로 원줄기 아래 3번째 줄부터 매년 하나씩의 가지를 그려 넣는다3, 4, 5, 6, 7……번째 줄마다. 새로 태어난 가지도 다시 2년이 지나면 새로운 가지를 낼 것이므로 아래에서 5번째 줄부터 매년 하나씩 가지를 그려 넣는다5, 6, 7, 8, 9……번째 줄마다. 그리고 나서 가지 수를 세어 보라. 그 수열은 1, 1, 2, 3, 5, 8로 이어지게 된다.

이 수열이 특별한 의미를 갖는 것은 자연의 신비를 닮았다는 점에서이다. 그럴 수밖에 없는 것이, 이 수열의 개념 자체가 식물이나 동물의 번식 과정을 모방한 것이기 때문이다. 이렇듯 피보나치의 수열은 자연계의 수학적 질서를 반영하고 있다.

해바라기나 솔방울 씨앗의 배열이 그러하고, 파인애플의 껍질, 국화나 데이지 꽃잎의 배열 등이 피보나치의 수열과 같은 모습으로 나타난다. 해바라기 씨앗은 시계방향과 그 반대방향으로 나선형을 이루고 있는데, 어느 곳으로나 피보나치 수열의 이웃한 숫자로 나타난다. 어느 쪽의 나선형에서 21이 나타나면 반대편으로는 34, 아니면 34 혹은 55와 같은 연속된 피보나치 수열을 형성하고 있다. 이것이 한정된 공간에서 가장 많은 씨앗을 품을 수 있는 조건이라는 것이다.

식물의 80% 정도가 이 수열을 따르는 것으로 알려졌다. 식물뿐 아니라 소라껍데기의 구조, 소용돌이치는 물이나 회오리바람, 태풍, 나아가서는 은하계의 중심부도 피보나치의 수열을 이루고 있다. 이 수열은 음악에도 나타난다. 피아노는 검은색 건반 2개와 흰색 건반 3개가 하나로 묶여 있으며, 검은색 건반 5개와 흰색 건반 8개가 하나의 옥타브를 형성하고 있다.

피보나치의 수열이 더욱 신비로운 것은 이들 숫자가 인간이 가장 아름답게 느낀다는 황금비율인 1.618을 향해 나아간다는 점이다. 1, 1, 2, 3, 5, 8, 13, 21······에서 연속된 두 숫자의 비율은 $\frac{1}{1}$=1, $\frac{2}{1}$=2, $\frac{3}{2}$=1.5, $\frac{5}{3}$=1.666, $\frac{8}{5}$=1.6, $\frac{13}{8}$=1.625 이렇게 나아간다. 황금비율인 1.618은 피보나치의 수열 중 55와 다음 수인 89에서 $\frac{89}{55}$1.6181818로 나타난다. 세상의 기본질서가 피보나치의 수열에 녹아 있다는 의미이다.

이 세상에 가장 완전한 수는 무엇일까?

완전수에 대한 의문은 그리스 시대부터 제기되어 왔다. 피타고라스 학파에서 특히 그러했다. 이들이 찾아 낸 완전수는 6이었다. 6이 완전수라는 것은 다음과 같은 의미에서이다. 6은 자신의 인수의 합과 자신이 일치하는 숫자이다. 6의 인수는 1, 2, 3인데, 이들을 모두 더하면 다시 6이 된다.

- 6을 나눌 수 있는 인수의 집합=1, 2, 3
- 인수의 합 : 1+2+3=6

6은 성경에 나오는 6일 만의 천지창조와 맞물려 더욱 신비스러운 숫자가 되었다. 그러면 6 다음의 완전수는 또 있는 것일까? 있다면 무엇일까? 하는 호기심과 함께 오랫동안 연구가 계속되었다. 6다음의 완전수는 28이다. 이해를 돕기 위해 살펴보면 다음과 같다.

- 28의 인수=1, 2, 4, 7, 14
- 인수의 합=1+2+4+7+14=28

28 다음에 오는 완전수는 무엇일까? 또, 그 이후의 완전수를 만들어내는 공식을 생각해보자.

! 풀이

천재 수학자 가우스는 수백 년, 아니 수천 년 동안 골치를 썩이던 이 문제에 아주 우아한 공식 하나를 제시하였다. 완전수 $=2^{n-1}(2^n-1)$, 이 공식으로 우리는 거의 무한대의 완전수를 찾아낼 수 있게 되었다. 여기서 $n=2$면 완전수는 6이 나오고, $n=3$이면 완전수가 28, $n=4$면 완전수는 120이 된다.

? 문제

어느 외딴 섬에 아주 배타적이면서도 스스로 합리적이라고 생각하는 부족이 살고 있었다. 이들은 외지 사람들을 몹시 싫어하기 때문에 이 섬으로 표류해오는 사람은 모두 죽였다.

그러나 그냥 죽이는 게 아니고 나름내로 정당한 재판을 거쳐서 죽였는데, 재판정에서 표류자가 하는 말이 사실이면 '진리의 신' 앞에서 죽이고, 거짓이면 '거짓의 신' 앞에서 죽였다. 단 묵비권은 없다. 이 표류자는 무슨 말을 해야 살아남을 수 있을까?

이 표류자가 살아남기 위해서는 사실도 아니고 거짓도 아닌 말을 하면 된다. 과거나 현재에 관한 언급은 사실, 아니면 거짓 두 가지 중 하나이므로 그는 미래의 이야기를 해야 한다.

"너희들은 나를 거짓의 신 앞에서 죽일 것이다."

이 말을 들은 재판관은 '거짓의 신' 앞에서 죽이라고 판결하였다. 형리들이 그 자를 거짓의 신 앞으로 끌고 가 막 형을 집행하려는 순간 부족의 이론가가 나섰다. 이 자를 여기서 죽이면 이 자의 말이 '사실'이 된다는 논리였다. 그렇다면 진리의 신 앞에서 죽여야 한다는 거였다. 다시 그 자를 진리의 신 앞으로 데리고 갔으나 거기서 죽인다면 그의 말은 다시 거짓이 되어버린다. 결국 그들은 그를 죽일 수가 없게 되었다.

두뇌가 비상한 정치범 3명이 사형선고를 받고 죽을 날을 기다리고 있었다. 하루는 재판장이 이들을 불러내어 한 가지 제안을 했다. 즉 자신이 내는 문제를 푸는 사람은 살려주겠다는 것이었다. 재판장은 이들의 눈을 가리고 검정색 모자를 하나씩 씌웠다. 그리고는 이렇게 말했다.

"자, 너희들은 지금 모자를 쓰고 있다. 모자의 색깔은 검정색 아니면 흰색이다. 서로 상대방의 모자는 볼 수 있지만 자신의 모자는 볼 수 없기 때문에 자신이 무슨 색깔의 모자를 쓰고 있는지 알지 못한다. 만약 너희 중에 상대방 두 사람의 모자 색깔이 모두 흰색인 사람은 일어나 나가도 좋다. 또 자신이 쓰고 있는 모자의 색깔이 무엇인지 '논리적으로' 설명할 수 있는 사람도 걸어 나가라. 살려주겠다."

어느 정도 시간이 흐르자, 정치범 A가 입가에 회심의 미소를 지으며 일어서 밖으로 나갔다. 그리고는 재판장에게 논리정연하게 자신이 쓰고 있는 모자의 색깔은 검정색이라고 설명했다. A는 자신이 쓴 모자의 색깔이 검정색이라는 사실을 어떻게 추리했을까?

❗ 풀이

A의 생각의 흐름을 따라가보자. A는 나머지 두 사람 B와 C를 바라보았다. 그들은 모두 검정색 모자를 쓰고 있었다. 상대방의 모자 색깔이 모두 흰색인 경우에만 걸어 나갈 수 있으므로 자신은 나갈 수 없다. 그 다음으로 살아 나갈 수 있는 길은 자신이 쓰고 있는 모자의 색깔을 알아내는 방법뿐이다.

- 1단계 추리 : 만약 내가 흰 모자를 쓰고 있다고 가정해보자. 만약 A인 내가 흰 모자를 쓰고 있다면 B는 나를 보면서 어떤 생각을 하겠는가? B는 이렇게 생각할 것이다. 'A가 흰 모자를 쓰고 있구나. 만약 C도 흰 모자를 썼다면 A, C 모두 흰 모자를 쓰고 있으므로 나는 걸어 나

갈 수 있을 텐데.' 하면서 안타까워 할 것이다.

- 2단계 추리 : 여전히 B의 생각을 추적하고 있는 A, B의 생각을 읽고 있다. '만약 B인 내가 흰 모자를 쓰고 있다면 C는 A의 흰 모자와 B인 자신의 흰 모자를 보고 걸어 나갈 수 있을 텐데, 역시 나가지 않고 있다. 그렇다면 B인 내가 쓴 모자는 흰 모자가 아니고 검정색 모자로구나.' 하면서 B는 걸어 나갈 수 있을 것이다. 그러나 B는 여전히 가만히 앉아 있다.

- 3단계 추리 : 그렇다면 A인 내가 흰 모자를 썼다는 가정은 틀린 것이다. 즉 A인 나는 검정색 모자를 쓰고 있는 것이다. A는 유유히 밖으로 나갔다.

파리 고등사범학교는 프랑스 최고의 명문대학으로 우리나라의 서울대보다 훨씬 더 위상이 높다. 아니, 세계적으로도 가장 위상이 높은 대학 중 하나이다. 다른 대학을 다니고도 몇 년을 더 공부해야 여기를 지원할 수 있을 정도이다. 이곳은 국가적 필요에 의해 인재를 양성하는 기관이라고 보면 된다. 프랑스의 유명인사 대부분이 이곳 출신이다.

파리 고등사범학교의 논술문제는 난해하기로 유명하다. 사고 훈련을 위해 문제를 쭉 훑어보길 바란다. 그리고 이 중 자신의 적성에 맞는 문제를 10개 정도만 골라서 풀어보면 논술에 상당한 자신이 붙을 것이다.

1장 인간(HUMAN)

- 진리는 인간을 자유롭게 하는가?
- 스스로 의식하지 못하는 행복이 가능한가?
- 꿈은 필요한가?
- 과거에서 벗어날 수 있다면 우리는 자유로운 존재가 될 수 있을까?
- 관용의 정신에도 비관용이 내포되어 있는가?
- 사랑이 의무일 수 있는가?
- 행복은 단지 한순간 스치고 지나가는 것인가?

- 타인을 존경한다는 것은 일체의 열정을 배제한다는 것을 뜻하는가?
- 죽음은 인간에게서 일체의 존재 의미를 박탈해가는가?
- 행복은 인간에게 도달 불가능한 것인가?

2장 인문학(HUMANITIES)

- 우리가 하는 말에는 우리 자신이 의식하고 있는 것만이 담기는가?
- 철학이 세상을 바꿀 수 있는가?
- 철학자는 과학자에게 어떤 도움을 줄 수 있는가?
- 역사가는 객관적일 수 있는가?
- 역사학자가 기억력에만 의존해도 좋은가?
- 역사는 인간에게 오는 것인가 아니면 인간에 의해 오는 것인가?
- 감각을 믿을 수 있는가?
- 재화만이 교환의 대상이 될 수 있는가?
- 인문학은 인간을 예견 가능한 존재로 파악하는가?
- 인류가 한 가지 언어만을 말하는 것은 바람직한가?

3장 예술(ARTS)

- 예술작품은 반드시 아름다운가?
- 예술 없이 아름다움에 대하여 말할 수 있는가?
- 예술작품의 복제는 그 작품에 해를 끼치는 일인가?

- 예술작품은 모두 인간에 대해 이야기하고 있는가?
- 예술이 인간과 현실과의 관계를 변화시킬 수 있는가?

4장 과학(SCIENCES)

- 생물학적 지식은 일체의 유기체를 기계로만 여기기를 요구하는가?
- 우리는 과학적으로 증명된 것만을 진리로 받아들여야 하는가?
- 계산, 그것은 사유한다는 것을 말하는 것인가?
- 무의식에 대한 과학은 가능한가?
- 오류는 진리를 발견하는 과정에서 어떤 역할을 하는가?
- 이론의 가치는 실제적 효용가치에 따라 가늠되는가?
- 과학의 용도는 어디에 있는가?
- 현실이 수학적 법칙에 따른다고 할 수 있는가?
- 기술이 인간조건을 바꿀 수 있는가?
- 지식은 종교적인 것이든 비종교적인 것이든 일체의 믿음을 배제하는가?
- 자연을 모델로 심는 것은 어느 분야에서 가장 적합한가?

5장 정치와 권리(POLITICS & RIGHTS)

- 권리를 수호한다는 것과 이익을 옹호한다는 것은 같은 뜻인가?
- 자유는 주어지는 것인가 아니면 싸워서 획득해야 하는 것인가?
- 법에 복종하지 않는 행동도 이성적인 행동일 수 있을까?

- 여론이 정권을 이끌 수 있는가?
- 의무를 다하지 않고도 권리를 행사할 수 있는가?
- 노동은 욕구 충족의 수단에 불과한가?
- 정의의 요구와 자유의 요구는 구별될 수 있는가?
- 노동은 도덕적 가치를 지니는가?
- 자유를 두려워해야 하나?
- 유토피아는 한낱 꿈일 뿐인가?
- 국가는 개인의 적인가?
- 어디에서 정신의 자유를 알아차릴 수 있나?
- 권력 남용은 불가피한 것인가?
- 다름은 곧 불평등을 의미하는 것인가?
- 노동은 종속적일 따름인가?
- 평화와 불의가 함께 갈 수 있는가?

6장 윤리(ETHICS)

- 도덕적으로 행동한다는 것은 반드시 자신의 욕망과 싸운다는 것을 뜻하는가?
- 우리는 좋다고 하는 것만을 바라는가?
- 의무를 다하는 것만으로 충분한가?
- 무엇을 비인간적인 행위라고 하는가?
- 일시적이고 순간적인 것에도 가치가 존재하는가?
- 무엇이 내 안에서 어떤 행동을 해야 할지를 말해주는가?

- 우리는 정념을 찬양할 수 있는가?
- 종교적 믿음을 가지는 것은 이성을 포기한다는 것을 뜻하는가?
- 정열은 우리의 의무 이행을 방해하는가?
- 진실에 저항할 수 있는가?

사과와
인류의 역사

– 유혹의 사과

사과는 인류 역사의 중요한 단계마다 참으로 재미있는 역할을 하였다. 인간은 에덴동산의 사과를 따먹고 낙원에서 추방되었으며, 뉴턴은 사과가 떨어지는 것을 보고 세상의 큰 이치인 만유인력을 발견했다.

– 전쟁을 일으킨 사과

또한 사과는 트로이 전쟁의 원인을 제공하기도 하였다. 바다의 여신 테티스가 신들의 잔치를 벌일 때였다. 이 잔치에 초대받지 못한 에리스는 황금 사과에다 '가장 아름다운 여신에게'라는 글귀를 적어 잔치 자리에 떨어뜨렸다. 그러자 스스로 가장 아름답다고 뽐내던 여신 헤라와 아프로디테, 아테나는 서로가 자신이 사과의 주인이라고 주장했다. 결론이 나지 않자 이들은 트로이의 왕자 파리스에게 판결을 부탁했다.

세 여신은 파리스에게 뇌물공작을 퍼부었다. 헤라는 자신을 선택하면 소아시아 통치권을 주겠다고 약속했으며, 아테나는 무적의 힘을, 아프로디테는 아름다운 신부를 약속했다. 이에 파리스 왕자는 아프로디테의 손을 들어 주었다. 그리고는 스파르타의 왕비 헬레나를 아내로 달라고 요구했다. 아내를 빼앗긴 스파르타의 왕 메넬라오스는 트로이와의 전쟁을 일으켰고, 그 유명한 트로이의 목마로 트로이 왕조는 막을 내렸다.

– 자유의 사과

자유의 사과도 있다. 스위스의 폭군 게슬러는 사람들이 많이 다니는 길거리에 자신의 모자를 장대에 걸어놓고 그 잎을 지나는 사람들로 하여금 절을 하게 했다. 그러나 윌리엄 텔은 절은커녕 모자를 조롱하면서 지나쳤다. 당시로서는 사형에 처해질 대역죄였다. 윌리엄 텔은 게슬러 앞으로 끌려갔다. 텔이 활의 명수라는 이야기를 들은 게슬러는 아들의 머리 위에 사과를 올려놓고 단 한발의 화살로 사과를 맞추면 용서하겠다고 말했다. 텔의 화살은 사과를 명중시켰고 텔은 풀려날 수 있었다. 화살 한 발이 더 남아 있는 것을 보고 게슬러가 물었다.

"이 화살은 무어냐?"

윌리엄 텔이 대답했다.

"만약 실수로 아들이 맞았다면 남은 화살로는 당신의 심장을 쏠 작정이었소!"

결국 오래지 않아 윌리엄 텔은 게슬러를 활로 쏘아 죽이고 스위스를 해방시켰다. 그것은 자유의 사과였다.

– 종말의 사과

스피노자는 내일 지구가 멸망해도 오늘 한 그루의 사과나무를 심겠다고 했다. 이것이 그 유명한 종말의 사과이다.

– 희망의 사과

희망의 사과도 있다. 소년학교에 다니던 나폴레옹은 쉬는 시간이나 수업
이 끝나는 시간이 괴로웠다. 다른 아이들은 삼삼오오 가게로 몰려가 맛있는
사과를 사먹었지만 가난했던 나폴레옹은 그들과 어울릴 수 없었던 것이다.
가게 주인 아주머니는 혼자 떨어져 있던 나폴레옹을 불러 사과 하나씩을 쥐
어주곤 했다. 그가 받지 않으려 하자 아주머니는 흠집이 나서 팔지 못하는
사과라면서 마음 놓고 먹으라고 말해주었다. 그러나 사실은 가게에서 가장
크고 잘 생긴 사과였다.

30년이 지나서 나폴레옹은 황제가 되었다. 그때의 사과 맛을 잊지 못한
나폴레옹은 다시 그 가게를 찾아 연신 맛있다며 사과를 먹었다. 이제는 할
머니가 된 그 아주머니가 말했다.

"그럼요, 우리 집 사과는 나폴레옹 황제도 맛있게 먹은 사과인걸요."

이제 할머니가 된 그 가게 아주머니는 나폴레옹을 알아보지 못했던 것이
다. 나폴레옹에게 그 사과는 희망의 사과였다.

– 독이 든 사과

백설 공주의 사과도 있다. 아름다운 백설 공주를 질투한 왕비는 독이든 사
과를 먹여 백설 공주를 죽이려 했지만 실패하고 만다. 백설 공주가 한 입 베
어 먹었던 그 사과가 지금 다시 등장하여 맹위를 떨치고 있다. 세기의 천재
스티브 잡스에 의해 '애플 컴퓨터'의 아이콘으로 다시 등장한 것이다.

SCAMPER 기법

 SCAMPER 기법은 창의력 훈련 기법의 하나로 기존의 사물이나 아이디어를 변형하여 새로운 아이디어를 만들어내는 방법이다.

- 대체하기(Substitute) : 기존의 것과 대체할 것은 없는가?
- 결합하기(Combine) : 비슷한 것끼리 결합, 혼합하면 어떨까?
- 적용하기(Adjust) : 목적에 맞게 조절할 수는 없을까?
- 수정확대(Modify & Magnity) : 기존의 것을 수정, 확대, 축소하면?
- 변경(Put to other uses) : 기존 제품의 용도를 변경하면?
- 제거(Eliminate) : 버릴 것은 없을까?
- 반대로(Reverse or Rearrange) : 형식, 순서, 구조를 바꾸면?

 위 6가지 기법의 이니셜을 딴 것이 SCAMPER이다. 기존의 라디오, 카세트, 헤드폰을 축소, 결합한 것이 20세기 최고의 히트 상품인 워크맨의 콘셉트가 된 것이 그 예이다.

질문형? 학습법!

지은이 | 이영직

초판 4쇄 펴낸 날 | 2020년 10월 30일

발행인 | 이영남
기획편집 | 박선정
디자인 | 엔드디자인
용지 | 상산페이퍼
인쇄 | 예림인쇄
제본 | 바다제책
발행처 | 스마트주니어
출판등록 | 2012년 1월 18일(제315-2012-000008호)
주소 | 마포구 상암동 월드컵북로402 KGIT빌딩 925D호
전화 | 070-4253-4935(대표) 02-338-4935(편집) 팩스 | 02-3153-1300
팩스 | 02)2699-4935
이메일 | thinkingdesk@naver.com

ⓒ 이영직, 2009
ISBN 978-89-92124-67-6 13370